超解

聞き方ひとつで面白いほど仕事がうまくいく本

人材開発トレーナー
福島 章

あさ出版

はじめに

■「聞き方」を変えれば成果が変わる！

あなたは、自分の「聞き方」を意識したことがありますか？

私はこれまで、ビジネスパーソンの人材育成に携わり、のべ2万3000人の方に研修を行ってきましたが、近年、研修トレーニングの場で聞く力が弱くなっていると実感することが増えました。それが、本書を執筆するきっかけになっています。

最近の若手ビジネスパーソンは、学生時代から様々なＩＴツールを使いこなし、資料をきれいに見栄え良くまとめ、プレゼンテーションもそつなくこなし、アウトプットする力はとても高くなっています。

それはそれで素晴らしいのですが、残念なことに、仕事の成果にはなかなか繋がっていません。しかも、相手からあまり良い反応が返ってこないと、すぐに思考停止してしまい、次の行動を起こせない、そんな新人や若手が増えています。

なぜ成果に繋がらないかといえば、自ら積極的に相手の生情報（考えや気持ち）を取りに行く「聞き方」ができていないからです。

「聞き方」というと、自分を押し殺して、相手の発する言葉を受動的に受け取ることだと思われがちですが、ビジネスで成果を上げるためには、自ら積極的に情報を取りに行く「聞き方」が最重要なのです。

■アグレッシブな「聞き方」を手に入れよう

一般的に、受け身の印象が強い「聞き方」ですが、ただ聞いているだけでは仕事の成果に結びつけられません。本書では、「自ら積極的にアグレッシブに働きかける」「仕事の成果にダイレクトに繋げる」「相手との関係性を強化する」にフォーカスしました。相手が誰でも、どんな状況であっても、貴重な情報を引き出せる具体的な方法を紹介しています。

本書をきっかけに、より多くの方が、相手から信頼を勝ち取り、一目置かれる付加価値の高いビジネスパーソンへとレベルアップされることを心より願っております。

福島　章

２０１６年９月

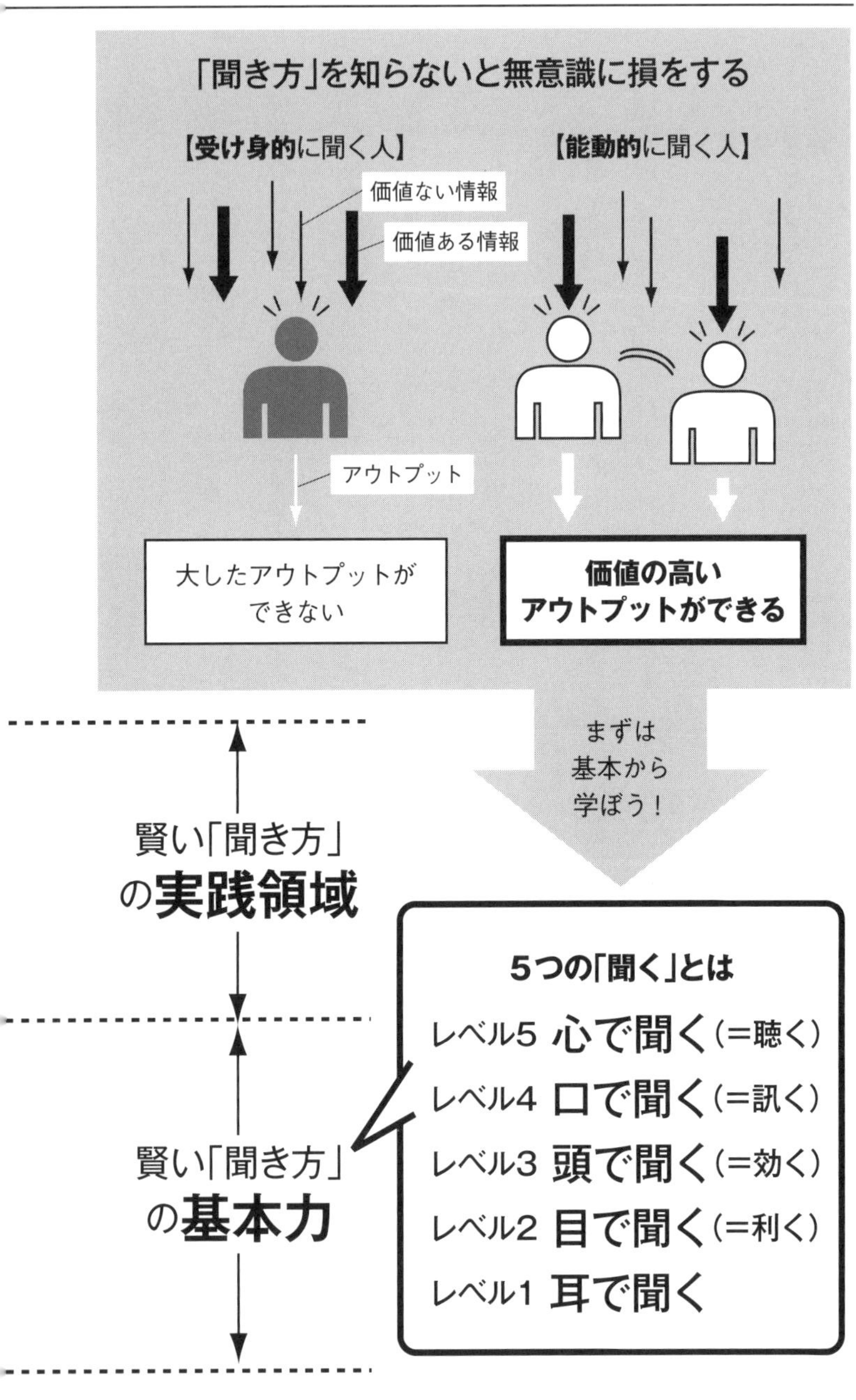
「聞き方」を知らないと無意識に損をする
【受け身的に聞く人】
【能動的に聞く人】
価値ない情報
価値ある情報
アウトプット
大したアウトプットができない
価値の高いアウトプットができる
まずは基本から学ぼう！
賢い「聞き方」の実践領域
賢い「聞き方」の基本力
5つの「聞く」とは
レベル5 心で聞く（＝聴く）
レベル4 口で聞く（＝訊く）
レベル3 頭で聞く（＝効く）
レベル2 目で聞く（＝利く）
レベル1 耳で聞く

「賢く聞く」とは5つの「聞く」＋ 3つの「力」

5つの「聞く」をベースに、反応力・深掘り力・展開力の3つを身に付け実践することにより、「できる」と誰もが認めるビジネスパーソンになれます。

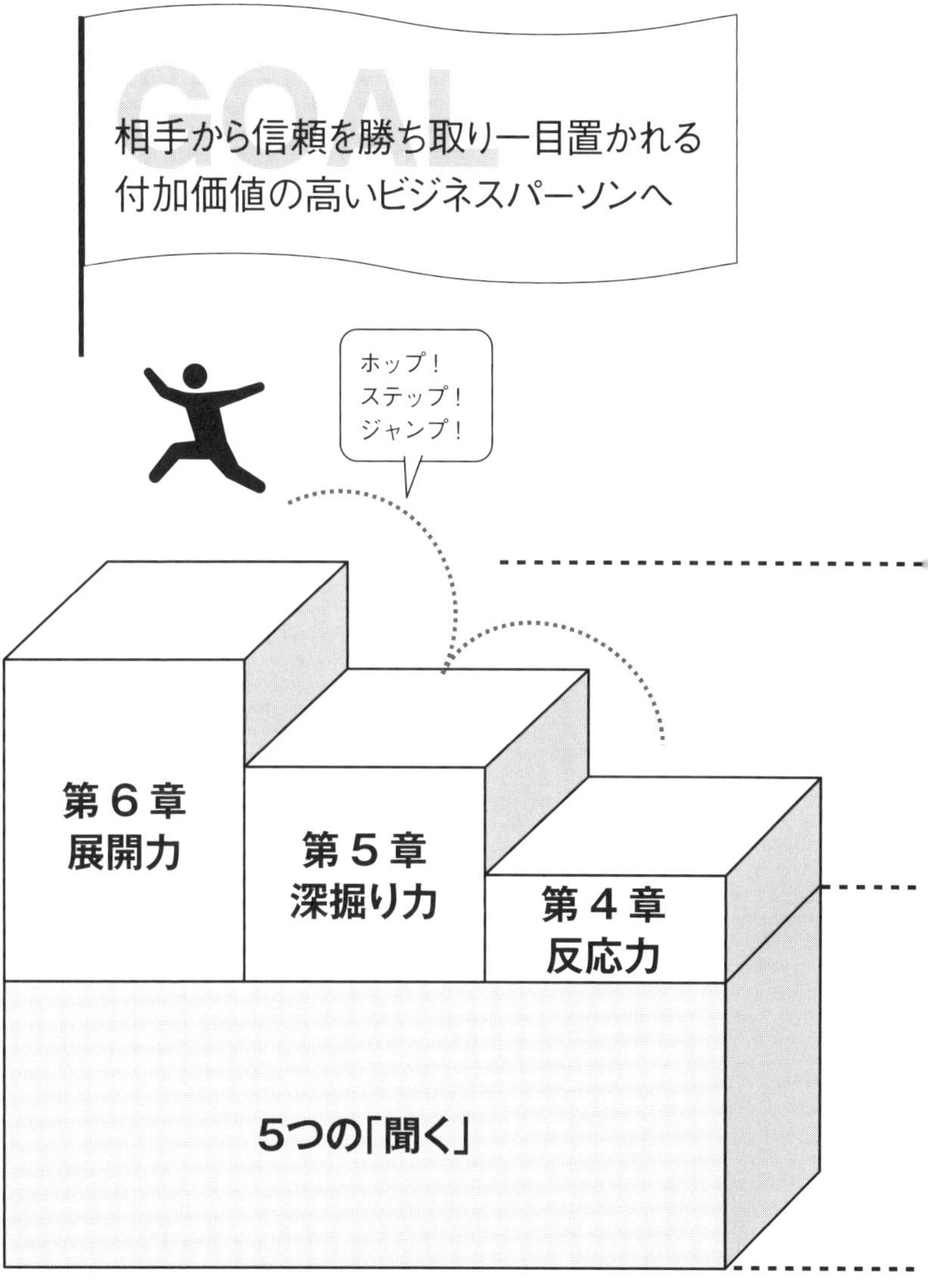

第1章

あなたは「聞き方」で損をしていませんか？

第2章 「聞き方」を変えれば結果が変わる

第3章 結果に違いを作る、賢い「聞き方」の基本

第4章 賢い「聞き方」の実践Ⅰ 反応力を鍛える

第7章

賢い「聞き方」を成長ツールに使う

第1章

あなたは「聞き方」で損をしていませんか?

無意識・無自覚な「聞き方」で
損をする人にならないために

聞き方ひとつでライバルに差をつけられる

相手の意向を掴んでこそ成果が出る

■協調だけでは通用しない時代

昨今、ビジネスパーソンに求められるコミュニケーションは、大きく変わってきています。グローバル化、情報化、スピード化など、社会は大きく変化しており、ビジネスにおけるコミュニケーションの在り方にもこの社会の変化が大きな影響を与えています。

これまで主流だったコミュニケーションのタイプといえば、**「農耕型コミュニケーション」**でした。農耕型コミュニケーションとは、農耕民族のように、価値観が似ており、周囲との協調性を重視するコミュニケーションを大切にするタイプです。

特徴として、積極的に「仲良く」というよりも、「相手を不快にさせない」というコミュニケーションを重んじる傾向があります。日本人はこのタイプが多いです。

しかし、この協調を主体としたコミュニケーションだけでは、通用しなくなっているのです。

■ 2つの異なるコミュニケーション

一方、農耕型コミュニケーションと対極にあるのが、**「狩猟型コミュニケーション」**です。狩猟民族のように、価値観は人それぞれでよく、自分も相手も、それぞれを尊重するというコミュニケーションのタイプです。

「仲が悪くなる」リスクを考えすぎるより、積極的に「仲良くなる」ためにコミュニケーションを取っていくタイプです。欧米人にはこのタイプが多いようです。

■あらゆるタイプとうまくつき合い成果を出す

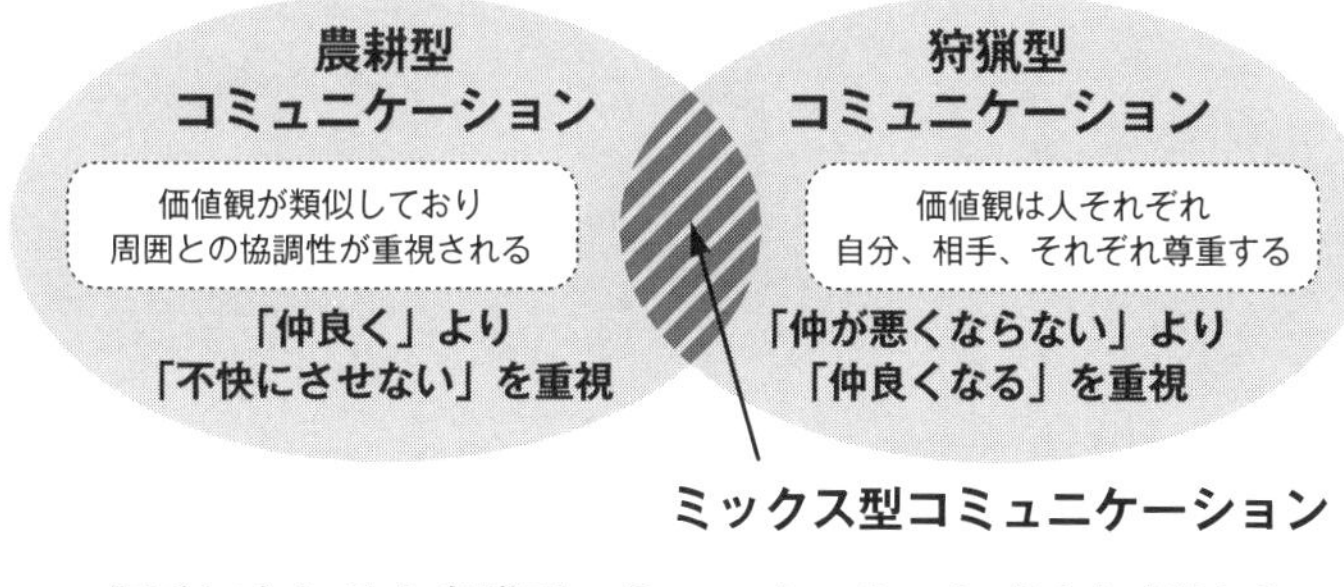

農耕型
コミュニケーション
価値観が類似しており
周囲との協調性が重視される
「仲良く」より
「不快にさせない」を重視
狩猟型
コミュニケーション
価値観は人それぞれ
自分、相手、それぞれ尊重する
「仲が悪くならない」より
「仲良くなる」を重視
ミックス型コミュニケーション

相手に合わせた多様型コミュニケーションを身に付ける

農耕型、狩猟型、その2つの要素が混じり合うミックス型など様々なタイプのビジネスパーソンと、上手にコミュニケーションを取っていかなければ、仕事の成果が出にくい時代になっています。

■ 忙しくて話が聞けないビジネスパーソン

そのような環境のもと、昨今は、相手の話が聞けない・聞いていないビジネスパーソンが増えています。忙しい世の中なので、相手の話をじっくり聞いている暇がないのかもしれません。

しかしながら、**相手の意向をしっかりと聞き取ることができなければ、十分な仕事の成果やパフォーマンスを発揮できない**ものなのです。

仕事で成果を上げるには、相手の求めていることをしっかり聞かなければいけません。対面でも、電話やメール、文書であっても様々なタイプの方としっかりコミュニケー

■相手の御用を聞けるビジネスパーソンになろう

忙しさに負けていては、相手の意向は掴めない！

ションを取れるよう、自分のコミュニケーションスタイルを見直し、強化を続けなくてはならないということです。

■受信できなければ何も生まれない

電波をしっかりと受信しなければ、テレビ映像を観たりラジオの音声を聴いたりできないのと同じように、ビジネスパーソンも、相手の発する電波をしっかりと受信できないと、成果もパフォーマンスもアウトプットできません。

仕事の成果を出すためには、相手が農耕型のタイプであろうが狩猟型のタイプであろうが、多様型のコミュニケーションにより、先方の求めるものをしっかりと受信し、掴んでいく必要があります。

相手の求めるものを掴むのは、それほど簡単なことではないので、ただ聞いているだけでは、何も掴めないかもしれません。だからこそ**意図を持って、積極的に聞く**ことが大切なのです。

■相手の求めるものを意識して受信する

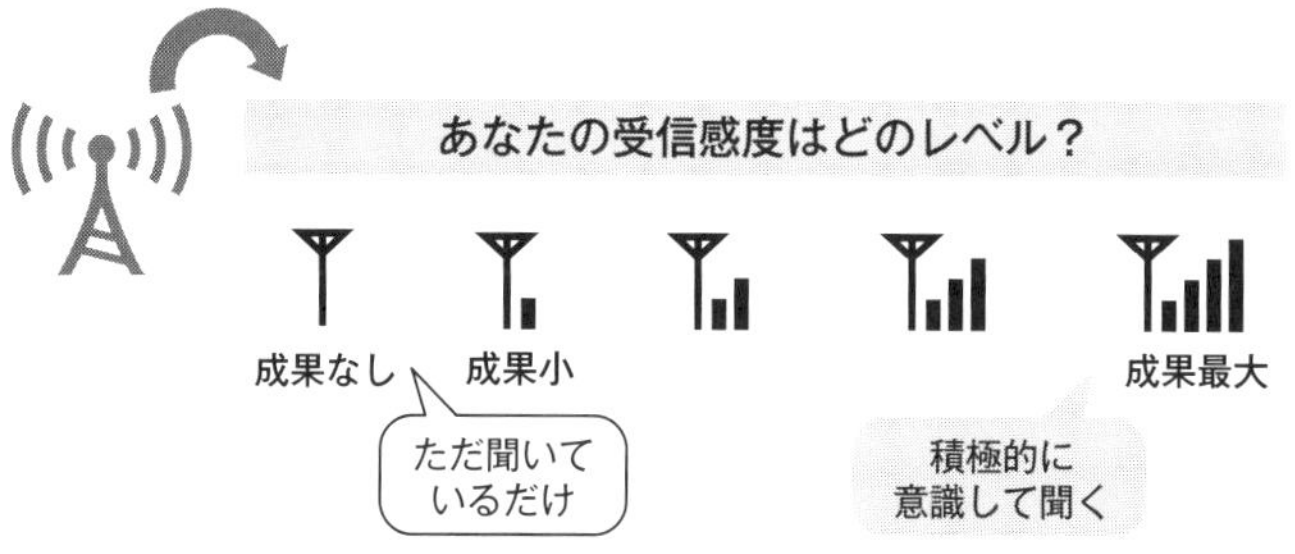

アンテナの受信感度が成果の大小を決める

優劣はすぐには比較しにくい

あなたは意識的な「聞き方」をしていますか？

■仕事の成果と「聞き方」にある相関

仕事でアウトプットがうまく出せないのは、相手の話を聞けていないからです。

ビジネスパーソンは、仕事の成果、つまり、アウトプットの出来・不出来で評価されています。「プレゼンテーションがうまい」「良い企画を提案できる」「報連相が的確で信頼できる」「情報・知識・人脈が豊富だ」「リーダーシップを発揮している」など、アウトプットは様々です。

そのアウトプットの良し悪しを決めているのは、イン

■「聞き方」の差が成果の差を決める

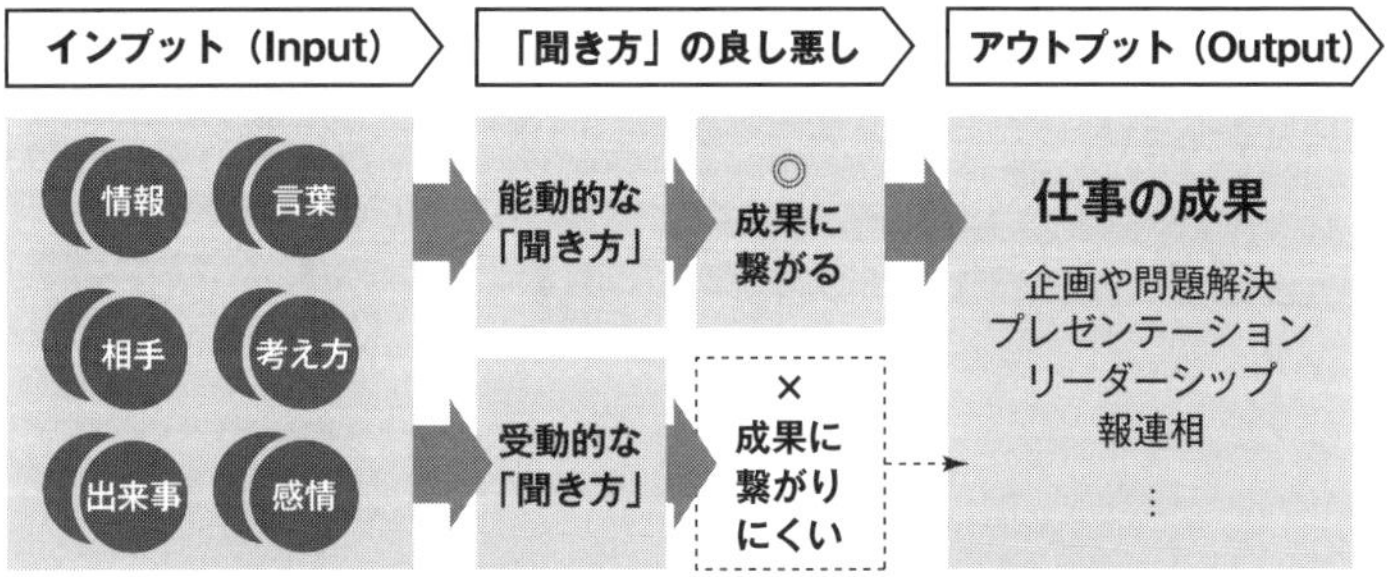

能動的な「聞き方」が仕事の成果を劇的に変える！

プットの仕方、つまり**「聞き方」の差**です。「聞き方」の優劣と仕事の成果には、極めて強い相関関係があります。良いインプットができなければ、良いアウトプットを出すことはできないからです。

ここで重要なのは、「聞き方」の優劣は、他の人と比較しにくく、その差がわかりづらいということです。それゆえ、改善・改良する機会が少なく、いつの間にか我流の「聞き方」に陥ってしまいがちなのです。

■「聞き方」は対人関係で磨かれる

近年「聞き方」が下手な人は確実に増えています。インターネットやSNSなどの進化で、今は検索すれば情報は簡単に手に入る時代となりました。何かを調べたり、確認したりといったインプットは、もっぱらネット活用が主流です。

しかしながら、インプットをインターネットだけに頼っていてはダメです。

仕事で成果を上げるために一番大切なのは、相手が求めているものが何かを知ることです。仕事には「相手」がいて、仕事の成果は、相手の評価によって決まるからです。相手が求めていることは、インターネットで検索しても見つかりません。**目の前の相手から聞く以外に良い方法はない**のです。

対人関係の中で、仕事の成果に繋がる価値あるインプットを得る技術、つまり「聞き方」は、とても重要なスキルなのです。

■あなたは損をしていないか？

「聞く」は、極めて受動的な行為と思われがちです。それゆえ、「聞き方」に大きな差があるとは、誰も想像していませんし、自分が「聞き方」で損していることを自覚していない人も多いでしょう。「話し方」と違い、他人との比

■受動的な「聞き方」は損をする

相手の話に耳を傾けているだけ	一方通行の会話
相手のペースに合わせるだけ	多くの聞き手の1人にすぎない

↓

仕事の成果に繋がらず、信頼も失う

較が極めてしづらいのです。

インプットがうまいビジネスパーソンは、能動的な「聞き方」ができます。要するに、仕事の成果を生む有益なインプットに繋がる「聞き方」のことです。受動的に聞いているだけでは、価値あるインプットはできません。

能動的な「聞き方」を身に付け、実践できれば、仕事の成果であるアウトプットは劇的に変化していきます。結果として、相手からの信頼度は確実にアップします。ビジネスパーソンとしての自己成長のスピードは加速します。

■「聞き方」を武器にする

仕事でより良い成果を上げるには、**無意識・無自覚な「聞き方」を繰り返すのではなく、能動的な「聞き方」をマスターしていく**必要があります。能動的な「聞き方」ができることは、ビジネスパーソンにとっての強力な武器になります。

■武器となる能動的な「聞き方」

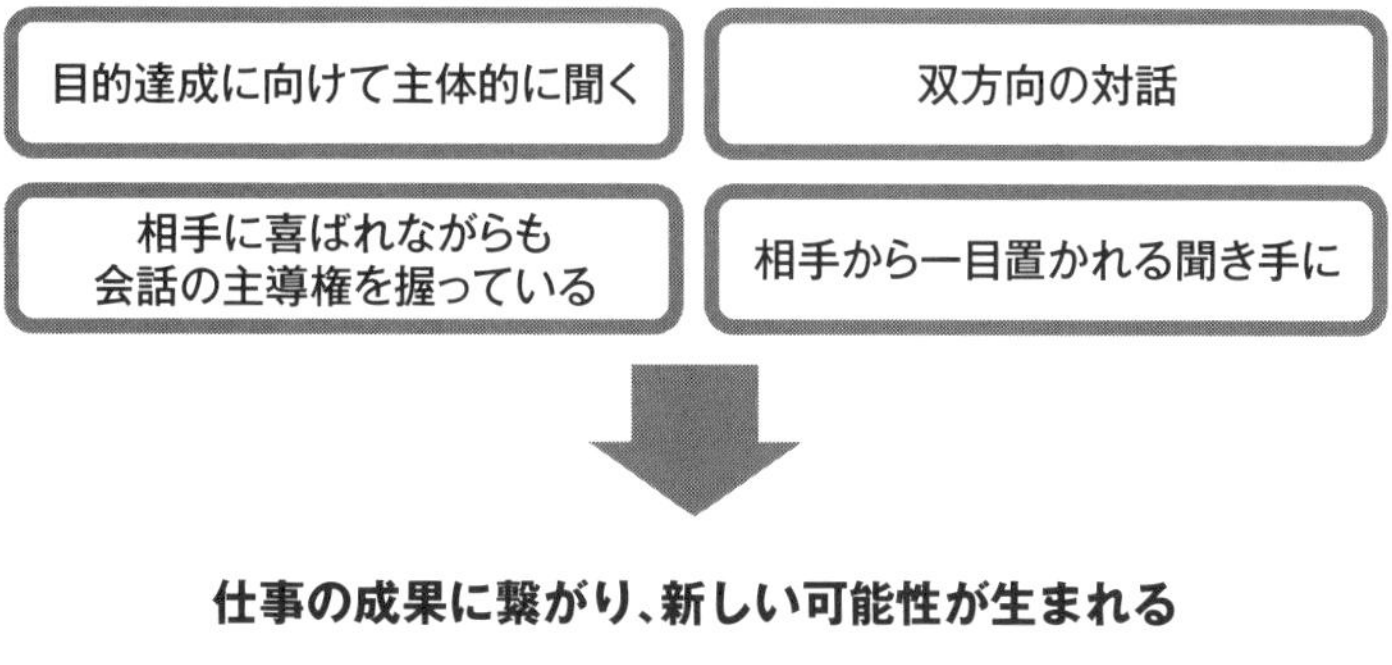
目的達成に向けて主体的に聞く
双方向の対話
相手に喜ばれながらも会話の主導権を握っている
相手から一目置かれる聞き手に
仕事の成果に繋がり、新しい可能性が生まれる

ダメ出しされる人は相手の真意が聞けていない

真意を聞けないから、成果に繋がらない

■期待を下回るからダメ出しされる

仕事でダメ出しされることがあるのは、当たり前です。上司や先輩、時にお客様からのダメ出しは、成長のためには欠かせません。しかし、何度も同じ理由でダメ出しをされては、相手から信用されなくなってしまいます。同じダメ出しを繰り返さないためには、ダメ出しされた原因を理解し、次からは絶対にしないことです。

ダメ出しの原因は、**「相手の期待レベルに満たない」こと**です。例えば、「納期が守られてない」「期待していた成果物になっていない」「一度、指摘したことが直ってない」など、仕事の成果を決める人の想定した期待水準に達していないからです。

相手は期待するからダメ出ししますが、何度も同じことを繰り返し、期待を裏切り続ければ、そのうちダメ出しされなくなり、期待もされなくなるでしょう。

ダメ出しされた時は、どの部分で基準を下回ってしまったのか、期待を裏切ってしまったのはどこなのか？　ということを素直に真剣に聞かなければ、いつまでたっても、相手の求めている一定水準を超えられません。

■成果を上げるためにも相手の基準を把握する

自分の仕事の成果に対して、なぜ相手は不満なのか？　その理由や原因を掴むためには、能動的な「聞き方」が必要なのです。

成果を出すために「相手の気持ちになる」「相手目線で

■ダメ出しは期待水準に達していない証

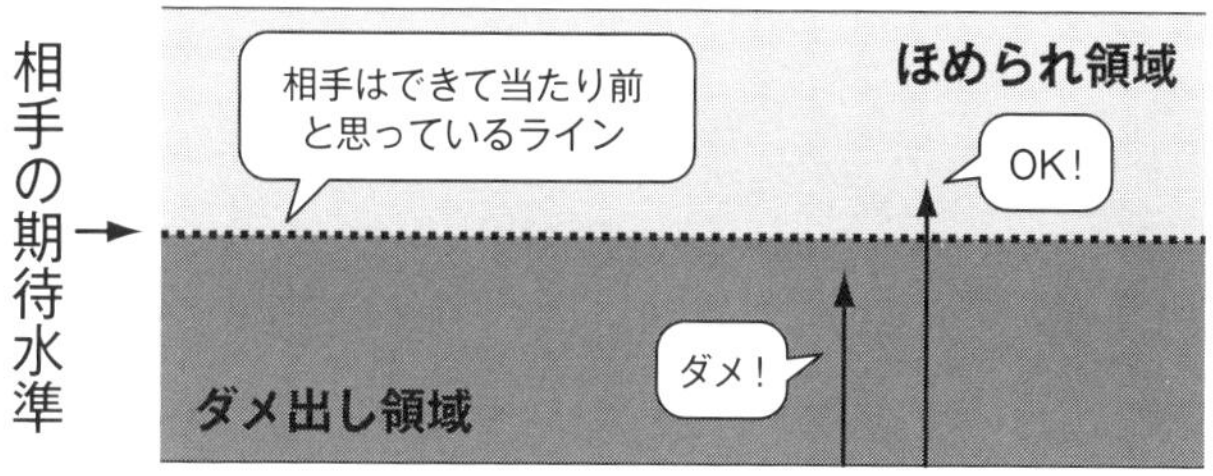

相手の期待水準を掴めばダメ出しは減らせる

考える」ことは大切ですが、相手の気持ちを理解するのは、簡単ではありません。なぜなら、人は皆、自分本位だからです。自分の基準で物事を見て、感じて、判断して、行動するのですから、**相手の基準と自分の基準は、違って当たり前**なのです。

だからこそ、仕事で成果を上げるには、相手の基準を掴むことが大切です。そのために、次の3つのステップを意識した「聞き方」を実践しましょう。

ステップ1　自分の基準を明確にする
ステップ2　自分の基準と異なる部分を見つける
ステップ3　その違いが生まれる背景や理由を探る

相手の基準を掴むには、まず自分の基準を明確にし、自分との違いを知ることから始めることです。

■「叱られる」＝「ネガティブ」ではない

叱られるのは、決してネガティブなことではありません。

■お互いの基準の差異を知るために聞く

「相手基準」を知るには、まず「自分基準」を明確に！

相手はあなたの成長を期待しているから「叱る」のです。それに、叱られてはじめて発見できる、相手の持つ基準や課題は数多くあります。

例えば、企業では、お客様からのお叱り（クレーム）を貴重なフィードバックと捉えます。そもそも、その企業に期待がなければ、わざわざクレームをつけませんから。

■なぜ叱られているかを聞く

近年の社会情勢の変化の中、叱ってくれる先輩は少なくなりました。それゆえ、あえて口に出して叱ってくれる相手は、大切にしなくてはなりません。

お叱りをいただく時は、**能動的な「聞き方」で、相手の基準を捉えるチャンス**です。叱られる経験を積んで、相手の期待水準を掴む経験をたくさん積み上げてほしいものです。

■ダメ出しの違いを知り対応する

叱られる	怒られる
理性的に客観的事実に基づき 指摘し、改善を促す行為 相手を正しく導こうとする	主観的感情に基づき 感情的に落ち度を責める行為 自分の感情をぶつける

「叱る」を「怒り」と勘違いしてはいけない

対人関係でつまずく人は能動的に聞けていない

受動的な「聞き方」では、強固な対人関係は築けない

■ビジネスで求められる強固な対人関係

プライベートでは、好き嫌いを基準に対人関係を築いていても問題ありません。しかし、ビジネスにおいては、好きな人とだけ仕事をしようとすると人間関係の幅、ひいては仕事の幅が狭くなり、どの仕事でも安定した成果を出したり、出し続けたりすることができなくなってしまいます。

ビジネスには、明確な目的や狙いがあり、それを達成するには、強固な対人関係の構築が必要不可欠です。お互いに求める成果を出すためには、良い対人関係を築いている

ことが前提になります。そこに、好き嫌いはありません。

対人関係構築に失敗すれば、仕事の成果は期待できません。

能動的な「聞き方」の実践で、上司と部下、売り手と買い手、提供側と供給側など、様々な立場を超え、相互理解を深め、良好な関係構築を目指します。

■コミュニケーションは受け手の理解度で決まる

対人関係でつまずく人は、**「コミュニケーションは、受け手の理解度で決まる」**という原則を知らないのです。

あなたが何を話したかではなく、相手がどのように受け取ったか、何を理解したかによって決まるという原則です。

相手がどう理解してくれたのかという相手視点が欠けていれば、対人関係はうまくいきません。

自分のことを理解してもらおうと、ついつい伝えること、話すことに専念してしまえば、相手視点を忘れます。理解してくれているだろうか？　納得してくれているだろう

■能動的な「聞き方」で前提を共有する

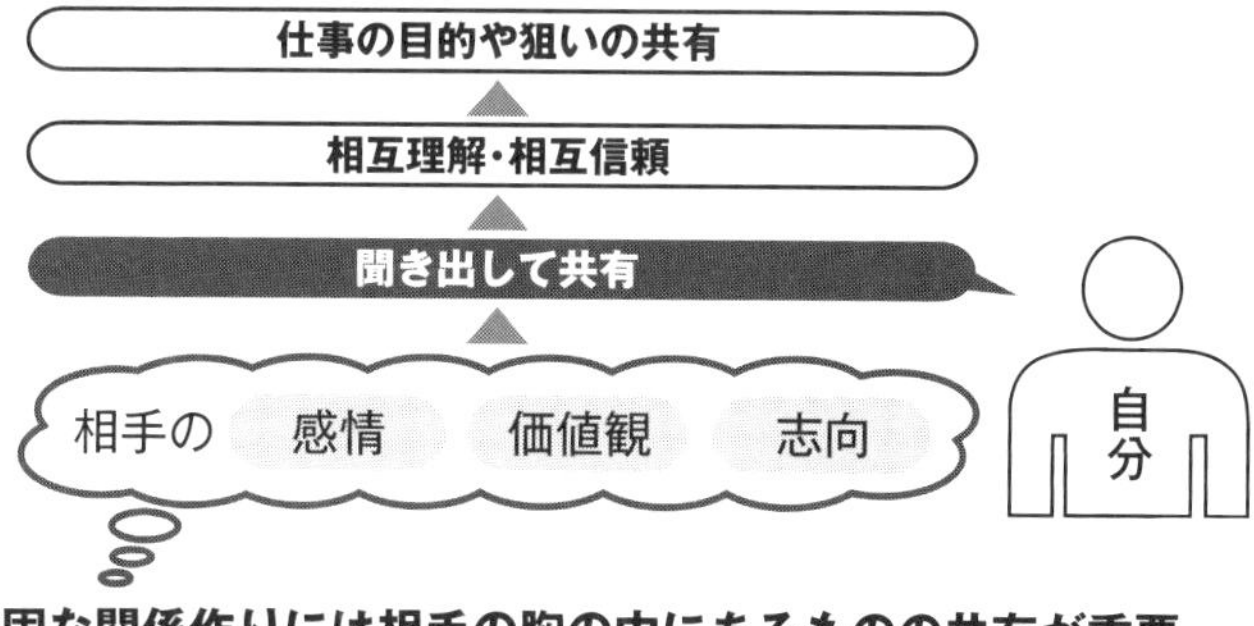

強固な関係作りには相手の胸の内にあるものの共有が重要

か？　わかってくれただろうか？　不安に駆られるから、もっと話し続けてしまう。まさに悪循環です。

相手の理解度を量るには、自分の伝えたことに、相手がどう反応し、何が伝わったのかに敏感になることです。

■相手をよく知るため能動的に聞く

「聞く」という行為は、意識しなければ、受動的な行為になりがちです。受動的に聞いているだけでは、対人関係は強固になりません。**積極的な聞き手になり能動的な「聞き方」をするからこそ相手をより深く知ることができます。**

相手の気持ち・感情・価値観・志向・性格などは、意識して聞かなければ理解できません。

人間は、自分に興味・関心を持って関わってくれる人に信頼を寄せるものです。対人関係でつまずかないためには、受動的な「聞き方」をやめ、相手のことをもっとよく知りたい気持ちで能動的な「聞き方」をすることです。

■1聞いて10倍にする聞き手になる

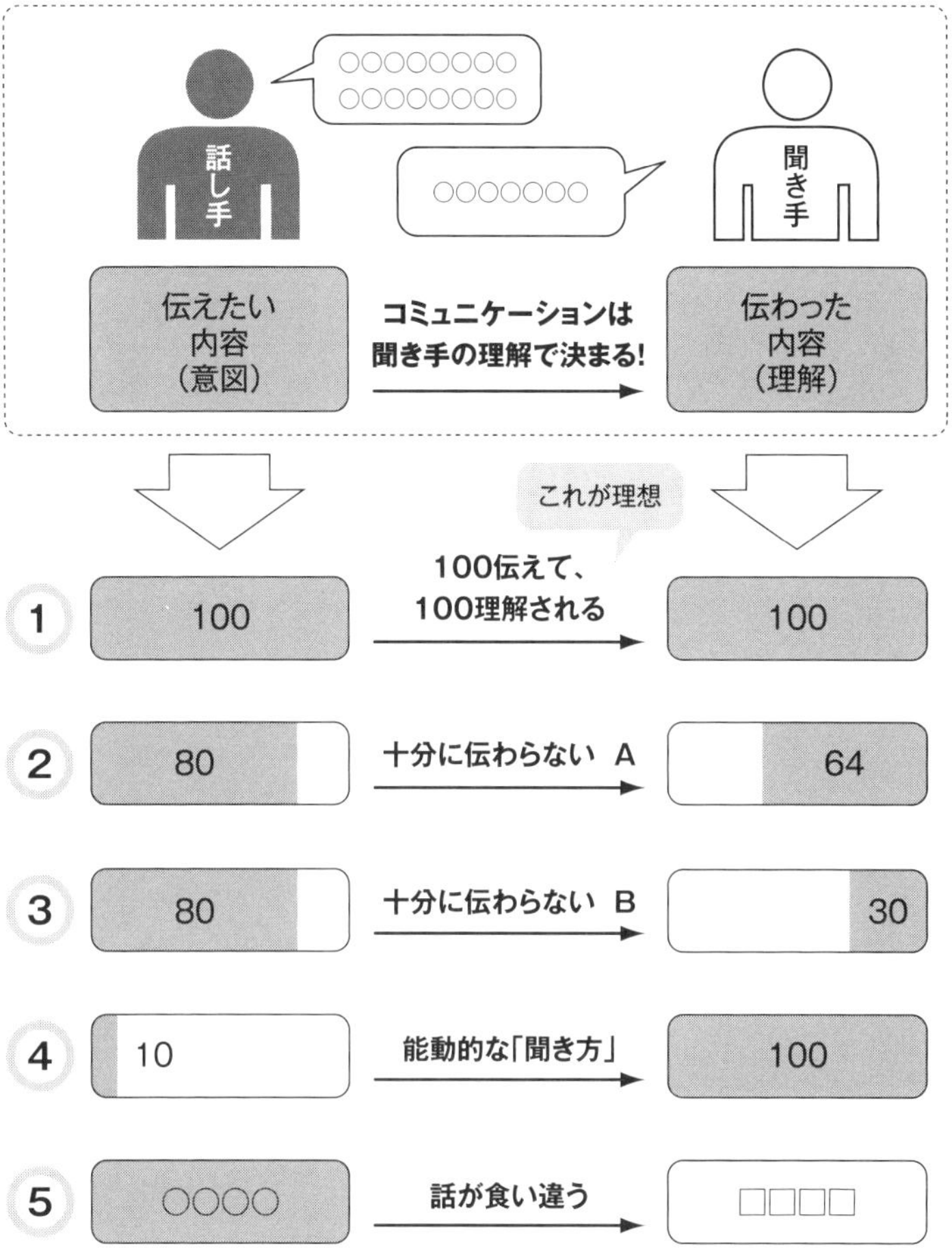

①は理想だが簡単ではない。②と③では②のほうが良いコミュニケーションである。その違いは聞き手の理解の差にあり、信頼関係や前提などの違いで影響が出る場合がある。④の能動的な「聞き方」とは、1聞いたことを10倍にすることを目指す「聞き方」。⑤のように「聞き方」に失敗すると、相手の信頼を失ってしまう。

能動的に聞けば、良好な対人関係が築ける！

質問するのが苦手な人は「聞き方」が下手

聞きたいことがない＝「理解できた」、ではない

■質問しないのは自らチャンスを棒に振っている

近年は、積極的に質問できる人は少なくなっています。質問したいことがひとつもないのは問題ですが、もっと問題なのは、聞きたいことがあるのに聞かないケースです。

自分勝手に「こんなことを聞いたら失礼かな」「間違ったら恥ずかしい」「バカにされないかな」など余分な考えが先に立ち、質問ができない、そういう人が問題なのです。

その場では質問はないと言っておきながら、後から必要に迫られて「ひとつ聞きたいのですが……」と何度も連絡

する煩わしいビジネスパーソンになってはいけません。

相手の立場になって考えれば、その場で質問してくれるのはとても嬉しいことです。**自分の発言を真剣に聞いてくれている証**だからです。一歩踏み込んだ質問は、あなたに興味がありますという意思表示にもなります。

ですから、「質問ありませんか?」に対して「特にありません」と安易に答えてしまうのは、対人関係を深めるチャンスを自ら逃しているに等しいということなのです。

■質問に勇気はいらない

質問をするのに、特別な勇気はいりません。子どもの頃のように素直に、もっと知りたいこと、もっと聞きたいことを自由に聞けばいい、それが基本です。

もちろん、ビジネス上、タブーとされる、人種や宗教、政治や性に関わる話題は避けるべきですが、**相手との関係をより強固にするための質問、仕事の成果を上げるために**

■話が理解できてもできなくても質問はできる

十分に理解できた	理解できていない
↓	↓
自分の解釈を相手に聞く	わからないことを相手に聞く

理解できたこと・わからないことを分けて聞く

知りたいことへの質問は、正々堂々と自信を持って聞けばいいのです。

■良い質問ができれば信頼は上がる

良い質問ができると、相手からの信頼度はアップします。下手な質問をすれば、信頼を落としてしまいます。

相手からの信頼を勝ち取るためには、相互理解や相互信頼の構築に必要な情報を、能動的に聞くことが大切です。相手をもっと理解したいと自ら作る質問はすべて良い質問です。**もっと知りたい、理解したいと積極的に挑んでいくプロセスが、能動的な「聞き方」そのもの**です。

時には、相手が聞かれたくないような質問をしなくてはならないこともあるでしょうが、仕事の成果を上げるために、自分が理解・納得したいことは、納得するまで能動的に聞きましょう。その繰り返しが、強固な対人関係構築に繋がっていきます。

■視点がないから質問できない

質問する視点がない場合

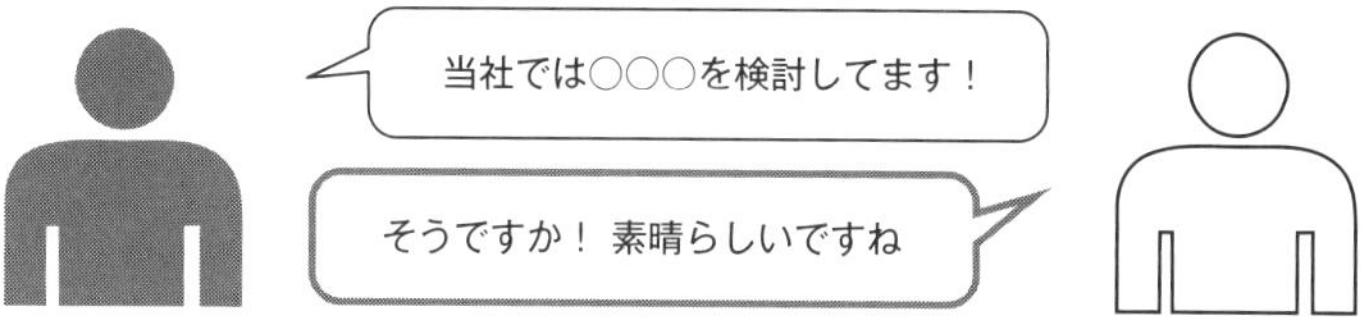

能動的な「聞き方」ができていない！

質問する視点がある場合

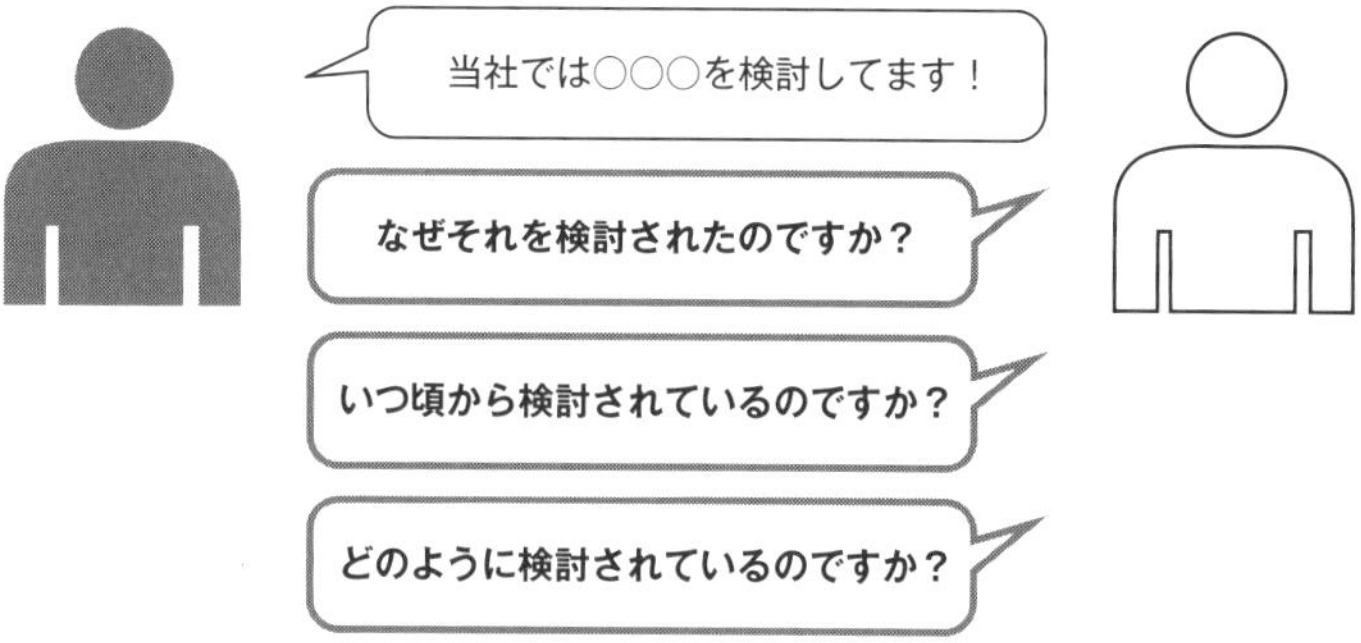

質問の基本視点「7W2H」

- Why（理由：なぜ？）
- When（日時：いつ？）
- Who（人物：誰が？）
- Where（場所：どこで？）
- How（方法：どのように？）
- How much/many（目標、質・量：どれだけ、どのくらい）
- What（課題：何を？）
- Which（選択肢：どちら？）
- Whom（人：誰に？）

能動的な「聞き方」は7W2Hの視点から

聞こえなければ反応できない

誰でも見たいように見て、聞きたいように聞いている

■耳を鍛えるから聞こえてくる

「聞き方」で損をしている人の共通点は、耳でしっかり聞き取れていないということです。相手の言葉がしっかり聞き取れなければ、タイムリーに反応することはできません。仕事の成果が出せないビジネスパーソンには、**聞こえていない言葉がある**のです。

外国語の学習も、耳が慣れることが大事です。最初は聞き取れない言葉も、何度も何度も繰り返し聞いているうちに、徐々に聞こえてきます。

「聞き方」を上達させるということは、耳を鍛えて強くすることです。耳が強くなれば、相手の言葉が聞こえます。言葉は、耳で学んでいくものです。言葉が聞き取れるようになるから、言葉そのものだけではなく、**その背景にある気持ちや思いなど相手の真意も聞こえる**ようになります。

■言葉は「氷山の一角」

人の行動や態度は、氷山の一角であり、目に見えない部分に何があるかが大切です。

氷山と同じように、表に現れている部分を動かしているのは、水面下の大きな部分です。表面に現れるのは、多くても10%程度。残りの90%以上は、裏に隠れています。人の言葉や態度なども同様で、目に見える行動や言動は、ほんの5%程度です。**目に見えない潜在的な非言語領域の95%が大きく影響**しています。「聞き方」で損をしないためには、相手の言動や行動そのものに焦点を当てるのでは

■人は見たいように見ている

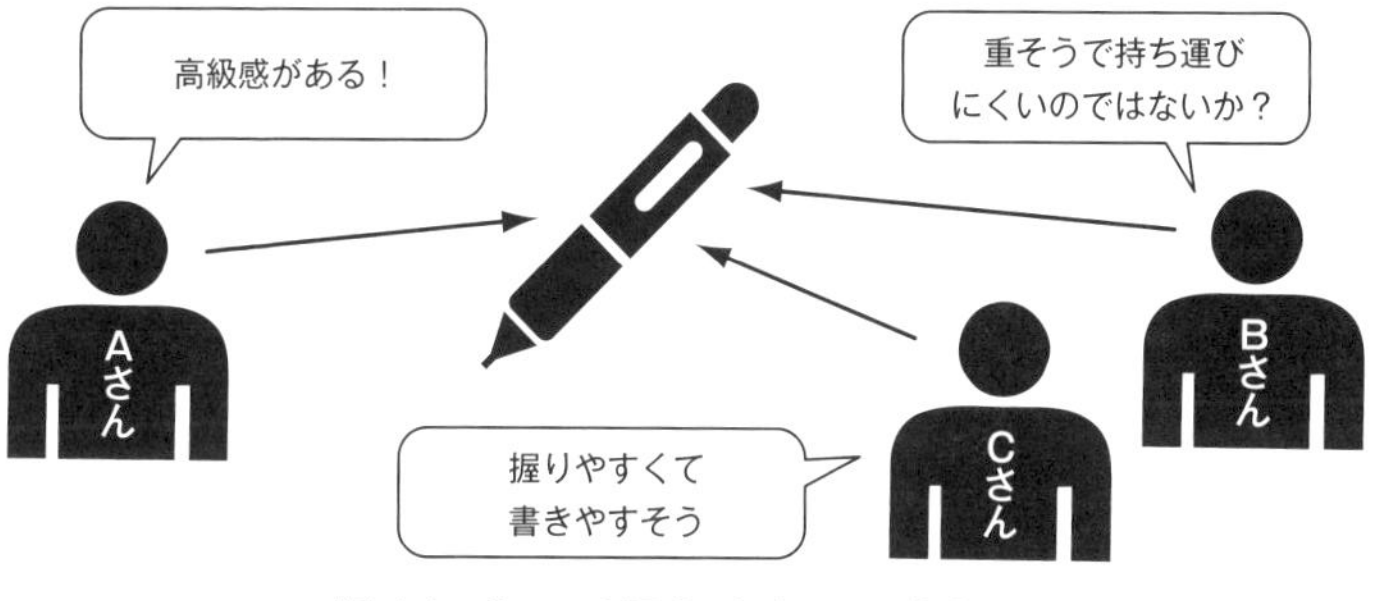

視点によって見えるものは変わる

なく、氷山の下の部分に注意を向けていく必要があります。

相手の大切にする価値観や意識、動機や感情など、相手自身でも気づいていないような根底の部分に注意を払い、共有を図っていくことこそが、仕事の成果を出すための能動的な「聞き方」です。

■ 聞こえる領域を増やしていく

「聞き方」で損している人は、見たいように見て、聞きたいように聞いているだけかもしれません。

誰もが自分の主観で聞いているので、聞こえていない領域は誰にでもあります。損をしない「聞き方」をするためには、**自分がまだ気づけていない領域があることを自覚し、聞こえる領域を意識的に広げていくこと**です。

相手の目線になって、積極的に言葉や行動の裏にある思いや考えを能動的に聞き取り、相手の基準を超える成果を出すためのきっかけを掴めるようになりましょう。

■人の行動・言動は「氷山の一角」

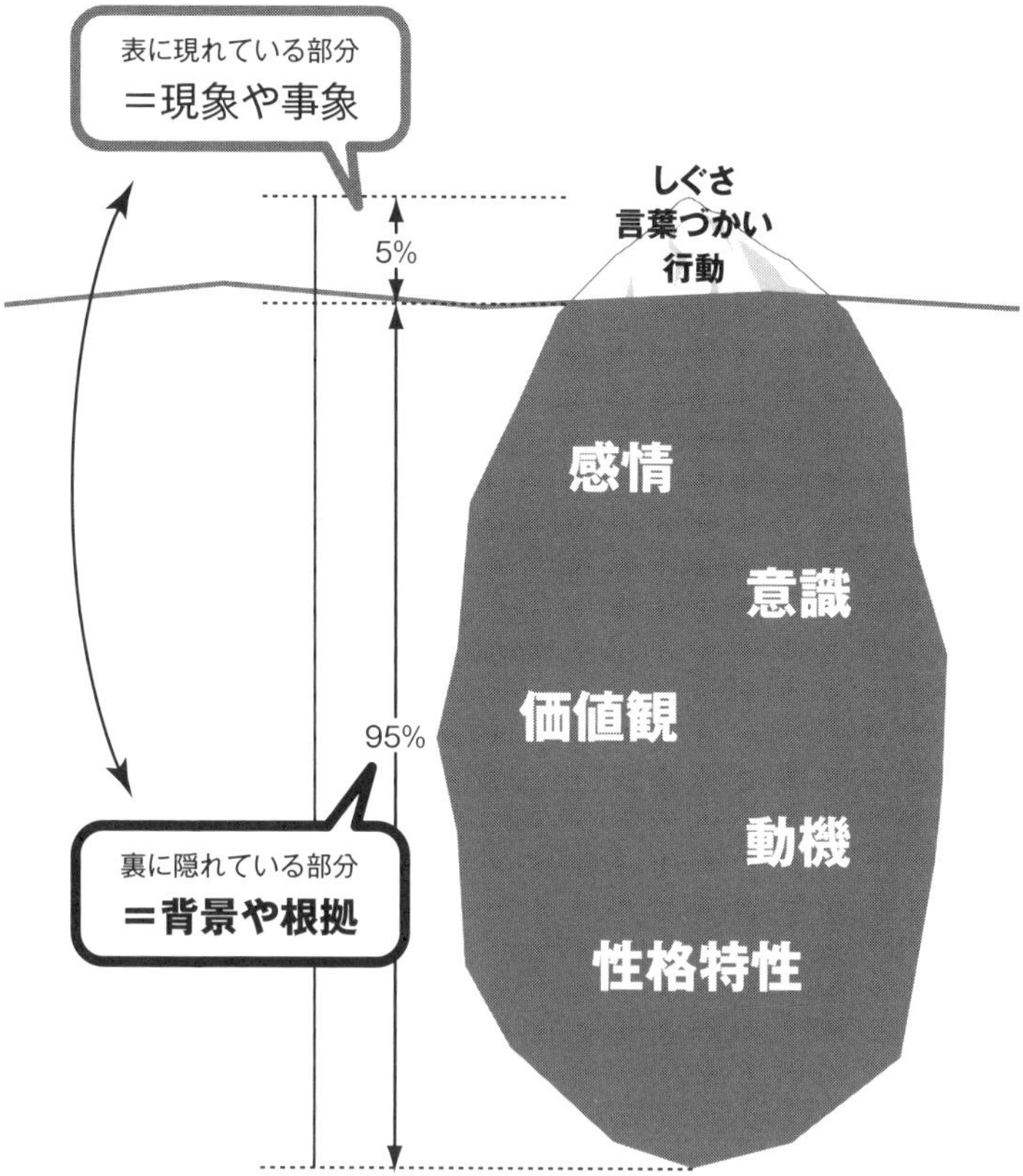

能動的な「聞き方」とは
表に現れる部分５%程度に反応し
裏に隠れている95%の部分に注意を向けること

隠れている部分に何があるのかが肝心

COLUMN 1 苦手な相手を攻略するトレーニング

誰にでも苦手なタイプがある

あなたはどんなタイプの人が苦手ですか？　無口な人、無表情な人、理詰めで迫る人、高圧的な人、細かい人、おおざっぱな人など、誰にでも苦手なタイプはあるものです。

ビジネスでは、苦手なタイプを作ってしまうと、継続的に成果を出せないことがありますので、賢い「聞き方」で、自分にとって苦手な相手を攻略するためのヒントを掴みましょう。

「苦手」を掘り下げれば自己成長にも繋がる

まず、相手のどんなところがなぜ苦手なのかを掘り下げます。

例えば、「無口な人」が苦手なら、「反応が見えにくいから」「話しづらいから」「つき合いづらいから」など、苦手な理由をいくつかリストアップしてみてください。さらに、その理由を一つひとつ、自分に深掘り質問してみてください。

反応が見えないのが苦手なのは、反応がないとこちらの調子が狂ってしまうから、というような理由が出てくるかもしれません。

ここで気づいた方もいるかもしれませんが、実は「苦手」というのは、自分の見方や捉え方に起因している場合がほとんどなのです。

「人の振り見て我が振り直せ」ではないですが、苦手な相手を攻略することは、自分の中の苦手意識と対峙することになり、自分の成長にも繋がることなのです。

第2章

「聞き方」を変えれば結果が変わる

仕事のアウトプットの良し悪しは
「聞き方」で決まる

結果が変わる①

考える力が身に付く

能動的な「聞き方」は、成果を生み出す仕込み作業

■考える力は「聞き方」で磨く

仕事の成果を生むためには、自分の頭で考え、自分の言葉でアウトプットできる力、つまり「考える力」＝思考力を磨く必要があります。

考える力は、次の3点を意識すれば、誰でも鍛えることができます。

①思考の瞬発力……アウトプットのスピードが速い

②思考の持続力……成果が出るまで考え尽くす

③思考の生産性……一定時間で数多くの成果を出す

この3つの視点を意識して、自分の頭で考え、地頭を鍛え続けます。

そこで重要なのが、能動的な「聞き方」です。反応速度を上げた「聞き方」で**瞬発力**を、「なぜ、なぜ」を繰り返す「聞き方」で**持続力**を、決められた期限の中でたくさんの質問を出し続ける一問多答型の「聞き方」で**生産性**を磨くことができます。このように、能動的な「聞き方」は思考力を強化してくれるのです。

■量質転化の法則――量稽古なくして、質生まれず

能動的な「聞き方」ができるようになると、情報の「仕込み」が上達し、考える力が向上します。量質転化の法則のように、一定の「量」を積み重ねるから「質」が向上します。考える力を鍛える量稽古は、次のように進めます。

・**思考の瞬発力の強化**……日常での反応スピード強化。
何事にも**1秒反応**しレスポンススピードを強化

■「聞き方」で思考力を鍛える

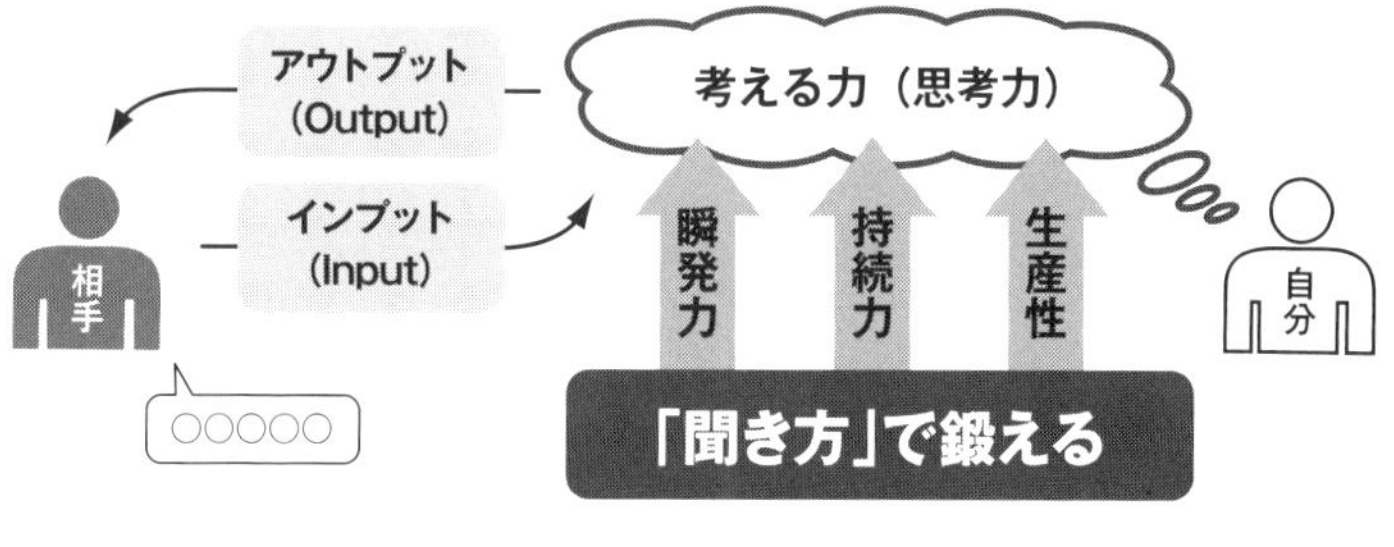

考える力でアウトプットの良し悪しが決まる

・**思考の持続力の強化**……正解のない**問いを考え続ける**力を磨く。例えば「何のために働くのか？」などの命題を自分なりに考え続ける

・**思考の生産性の強化**……**時間や期間を定めてアウトプット**してみる。例えば、5分で20個以上のアイデアを考えてみる

考える力を鍛えると、ビジネスパーソンとしての「頭」が鍛えられるとともに、「耳」を鍛えることに繋がります。量質転化とともに、慣れて心の余裕が生まれ、能動的な「聞き方」が上達します。

▒ 仕込み8割の法則――事前準備で成果は決まる

仕事の成果は、仕込みで8割が決まります。仕込みとは、成果を出すための事前準備の量と質のことです。

例えば、手品では、思いもよらないタイミングや場所からハトやカードが出てきます。これこそ仕込みあってのパ

フォーマンス。仕事の成果も同様です。仕込みがなければ、パフォーマンスは生まれません。仕込み＝事前準備の仕方が大事なのです。

■仕込みで大切なのは生きた情報

能動的な「聞く力」で、仕事の成果に繋がる情報をあらかじめ集めておくことこそ仕込みです。

例えば、ある業務を引き継ぐ場合、その業務に関連する資料や情報など前任者が残した内容を徹底的に確認することが仕込みです。さらに、重要な仕込みとは、**直接その担当者からヒアリングをする**ことです。資料や議事録などにない、前任者だからこそ感じていた生きた情報をしっかりと掴んでおくことが大切です。

営業職の方などで、前任からろくな引き継ぎもせずにお客様のところへ行ってしまう人がいますが、これは仕込みなしの最低の行為だと肝に銘じましょう。

■仕込みなくして成果なし

仕込み8割とは、事前準備に費やす労力のこと

手品でも料理でも仕事でも、仕込みがなければ成果は出ない

↓

事前準備でヒアリングの視点を増やしていく

能動的な「聞き方」の実践のためには、事前準備と繰り返しが必須

事前準備と繰り返しで、「聞き方」を上達させよう

結果が変わる②

情報感度が磨かれる

情報を知識に変え、知恵にする

■情報感度とは価値ある情報に反応できること

今の情報化社会では、好むと好まざるとにかかわらず、日々いろいろな情報に触れます。

ビジネスパーソンは、増え続ける情報から逃げるわけにはいきません。仕事の成果を出すためには、積極的に情報感度を磨く必要があります。情報感度とは、仕事の成果に繋がる**価値ある情報に反応できること**です。その情報を価値あるものに変える力を、情報感度力といいます。

情報というと、新聞・雑誌・ネットなどのメディアから取得する情報（二次情報）がイメージされやすいですが、より重要なのは、インタビューやヒアリングなど自ら直接得る生情報（一次情報）を増やすことです。

■情報を知識に変える

いずれの情報であれ、自分の知識に変換できてこそ、仕事の成果に繋げることができます。

情報を知識に変えるには、体験・経験することが一番です。「何かを学ぶためには、自分で体験する以上に良い方法はない」というアインシュタインの言葉の通りです。

実際に体験することが難しい場合は、経験者に能動的な「聞き方」でヒアリングすることにより、疑似体験ができます。それを、生きた知識へと変換し、さらに、その知識を生かして仕事の成果へと繋げることで、自分固有の知恵が生まれるのです。

知識・知恵を蓄えるためには、情報を自分事で捉えて、

■「聞き方」では相手の生の声が重要

一次情報　インタビューやヒアリングなど、自ら直接取得する生情報。能動的な「聞き方」で得られる情報。

二次情報　新聞・雑誌・Webなどメディアの情報や統計データなどから取得できる情報。能動的な「聞き方」の事前準備で活用できる情報。

能動的な「聞き方」のためには生きた一次情報を取りに行く

能動的な「聞き方」を実践することが求められます。

■「聞き方」で総合問題解決力を高める

仕事ができるビジネスパーソンは、クレームやトラブル、突然の依頼などに対する反応力の高い人、ひとことで言えば**総合問題解決力が高い人**です。想定外の問題や課題にも、臨機応変に対応し、成果・結果を創ります。日頃から情報感度を高める行動をしていてこそ、対応できるのです。

情報感度を高めるためには、自分の持つフィルターを意識的に広げる必要があります。自分の仕事に関係すること以外には関心がないと、掴める情報が偏ってしまいます。

新しいこと、流行っていること、見たこと聞いたことがない情報に出会ったら、自分の関心外でもあえてアクセスし、能動的な「聞き方」で情報を掴んでおきましょう。新しい知識や知恵が手に入り、自分の知識化・知恵化の土台が作られていくからです。

■自問自答だけでは情報感度は磨かれない

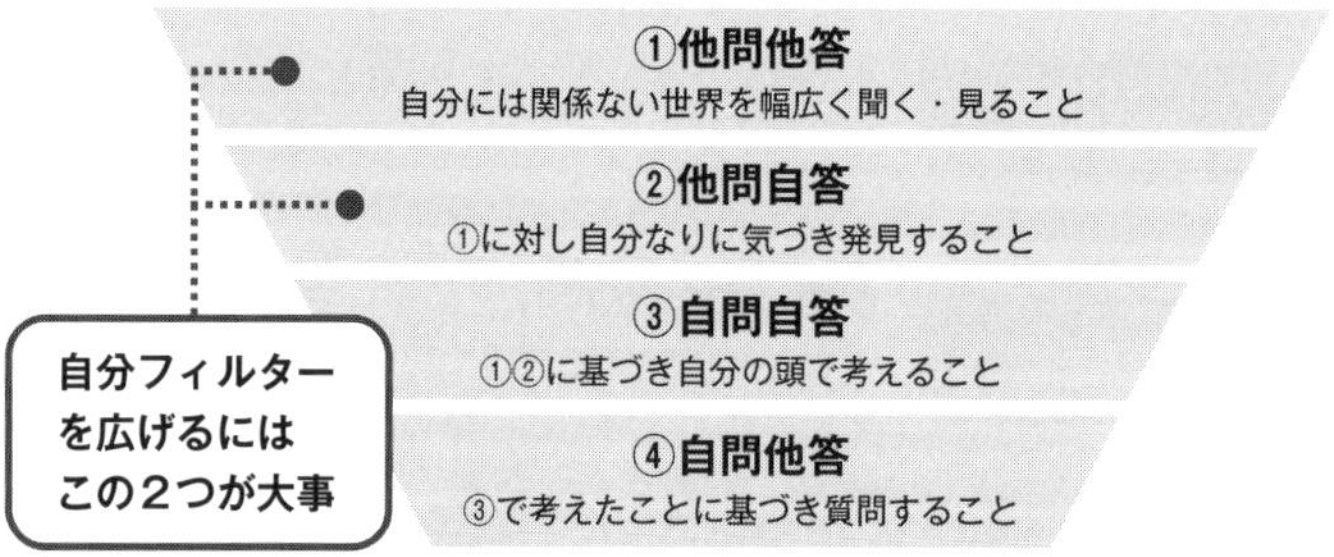

④で良い質問をするためにも①②を意識

■情報感度の高い人が、優れたビジネスパーソン

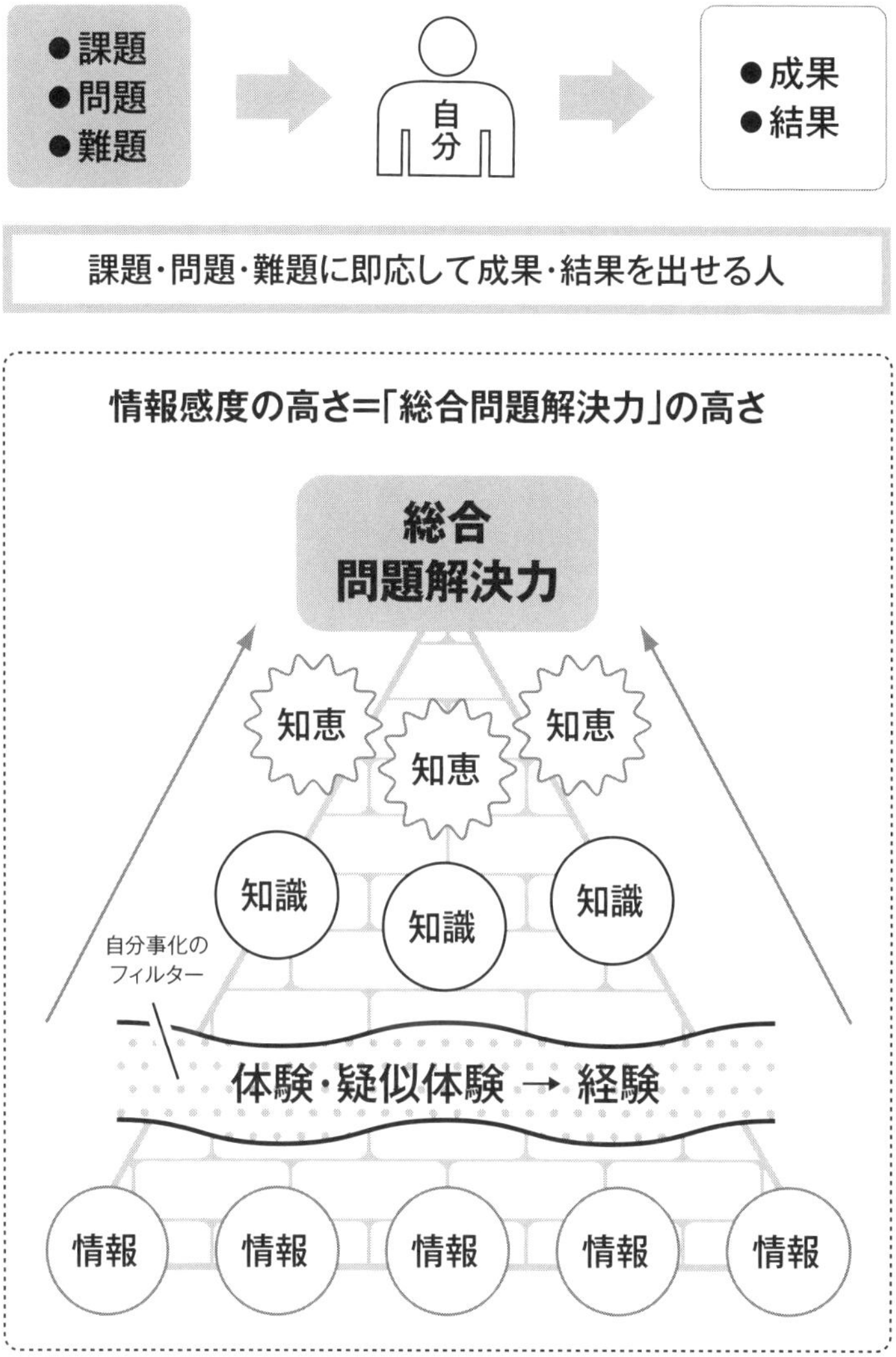

情報を知識・知恵に変え、総合問題解決力を高める

結果が変わる③
信頼関係を強固にする
能動的な「聞き方」で、自分事受信のアンテナを磨こう

■他人事受信、評論家受信は信頼を失う

ビジネスパーソンの中でも、評論家のように人の話を聞いている人が少なくありません。受け身で聞いていると、**他人事受信**になり、自分には関係ないという「聞き方」になってしまいます。

そんな「聞き方」が身に付いてしまうと、何か意見を求められても、当然、評論家のような他人事のメッセージが多くなってしまい、信頼を失ってしまうことにもなりかねません。

ビジネスパーソンは、対人関係の中で、仕事の成果を出していくことが求められます。相手の期待を掴み、その期待を超えていく仕事をすることで、信頼関係を強固なものにしていきます。しかし、無意識のうちに、他人事受信、評論家受信をしていると、相手からは、「あの人はいつも他人事ですよねぇ」などと言われかねません。

ビジネスでの信頼関係を強固にするためには、常に自分事受信をできるようにする必要があります。

■「自分だったらどうか」と考えながら聞く

ビジネスで強固な人間関係を築くためには、相手の話に対して常に他人事ではなく**自分事受信を心掛け、良き聞き手になること**です。人は、自分の話を好意的に聞いてくる人に信頼を抱くものです。相手に興味・関心を抱くことで、自然と自分事受信ができるようになります。

しかしながら、ただ聞いているだけでは、他人事受信になってしまうリスクもあります。能動的な「聞き方」のためにも、常に「自分だったらどうか」という視点や考えを持ちながら、自分に関係あることとして聞くように心掛けましょう。相手との違いがあれば、能動的に質問をして、自分の体験とすり合わせながら聞くといいでしょう。

■4つの受信アンテナで「自分事」化

能動的な「聞き方」で、自分事受信するためには、4つのアンテナを動かすことが大事です。

4つのアンテナとは、**「理解」「納得」「共感」「共鳴」**です。相手の発する言葉やメッセージに対して、4つのアンテナで受信することで、自分事受信が可能になります。

まずは、相手に理解を示すこと。もし理解できないことがあれば、素直に教えてもらう姿勢も大事です。

続いて、納得。自分がどの程度納得できているかを確認しながら聞くことです。100%納得するのが難しい場合

■自分事受信で信頼関係を強化しよう

4種3段階の受信の仕方で信頼関係をアップ

は、納得できる部分とまだ納得ができていない部分を分けておきます。

さらに共感・共鳴を伝えること。相手の話したいこと、伝えたいことに、共感・共鳴の意を示すことであり、相手のメッセージや話に、小さくても、何らかの行動を起こして応えるということです。相手からの協力依頼などに対して、自分ができることを考え、次に備えることこそが、最高の自分事受信なのです。

■信頼関係強化のために聞く

ビジネスパーソン同士の信頼関係は、仕事を通じて強化していくものです。社外の相手でも、一つひとつのやり取りを通じて気心が知れていけば、何でも話せる関係になることもあります。だからこそ、仕事上のやり取りでも自分事受信で話を聞き、相手を受容すれば、真のパートナーシップを築いていくことができます。

結果が変わる④

生産性の高い仕事をする

効率的な「聞き方」から、生産性の高い「聞き方」へ

■効率的な「聞き方」には注意

効率的な「聞き方」が優れている……と考えるビジネスパーソンがいます。仕事を効率的に進めたいと思うのは、誰でも同じです。しかし、「聞き方」に効率を求めてしまうと、実はとてももったいないことになってしまいます。

効率的な「聞き方」とは、ムダなことをなるべく避けて、聞きたいことだけを聞くということです。例えば、営業パーソンが効率的に聞くというのは、「この商品を購入してくれますか」と、出会ったその場で聞いてしまうような

■効率的な「聞き方」は決めつけの元

効率を重視して聞く

▼

ムダなことや一見、関係なさそうなことには
視点がいかない・気づかないので聞けない

▼

狭い範囲で相手を決めつけてしまう
KY（空気が読めない）になってしまう

効率的な「聞き方」では、対人関係は築けない

ものです。これでは、相手の気持ちや感情、気になっていることなど、先方の重要な情報は何も手に入りません。

確かに、コミュニケーションには、ムダなやり取りも多いかもしれませんが、「無用の用」という言葉もあるように、**一見ムダと思われることの中に、実はとても有益、有用な情報がある**ということです。相手の真意を聞きたければ、回り道も大切です。

■生産性の高い「聞き方」を目指す

効率の良い仕事ができるようになるより、**生産性の高い仕事**ができるビジネスパーソンを目指してください。

生産性とは、単位時間当たりの成果のことです。生産性の高さは、いくつかの視点で図ることができます。時間が決まっていれば、どのくらい多くアウトプットできたか、または、どのくらいたくさんの視点でアプトプットが出せたか、というのが生産性の視点です。

■生産性を意識して聞く

インプットに対して、どのくらいアウトプットできるかが生産性

$$\text{生産性} = \frac{\text{アウトプット}}{\text{インプット}}$$

生産性が高い「聞き方」とは、例えば時間あたりの面談時間（インプット）に対して、どのくらいの情報を引き出せる（アウトプット）か

単位時間当たりの成果を意識した「聞き方」を実践する

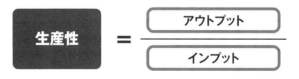

良い「聞き方」とは、効率を重視するのではなく、生産性を大事にした「聞き方」ができるようになることです。

例えば、同じ長さの面談でも、どれくらい幅広く、どのくらい深く、相手のことを知ることができたかというのが成果になります。相手がどんな人で、どんな価値観を持ち、どんな夢を持っているかなど、十分に知ることができれば、仕事の生産性は上がります。

ビジネスコミュニケーションでは、生産性の高い「聞き方」ができるようになることが大切です。

■次に生かせる情報を聞く

仕事の成果を出すうえで、相手との人間関係を、いかに早い段階で構築できるかが重要です。

そのためには、相手のことを知り尽くすことです。相手の趣味、出身地、好きな色、今の仕事に就いたきっかけなど、**興味・関心を持って相手を知ること**です。

また、人は好きなことを繰り返すものですから、1つ相手の好みがわかれば、相手が喜ぶポイントが予想でき、先回りして成果に近づく行動が選択しやすくなります。

■相手を知れば知るほど生産性は上がる

ビジネスで相手を深く知ることは生産性アップには必須です。

例えば、相手の好きな食べ物や嫌いな食べ物を掴んでいれば、接待の場でも、それに合わせた行動ができます。トマトが嫌いな相手なら、イタリアンは避けたほうがいいでしょう。鶏肉が食べられない人がいれば、焼き鳥はNGです。

相手に喜んでもらうためには、事前に相手の好みを能動的な「聞き方」で掴んでおく努力が必要です。事前に予測ができれば、生産性は自ずと上がっていきます。

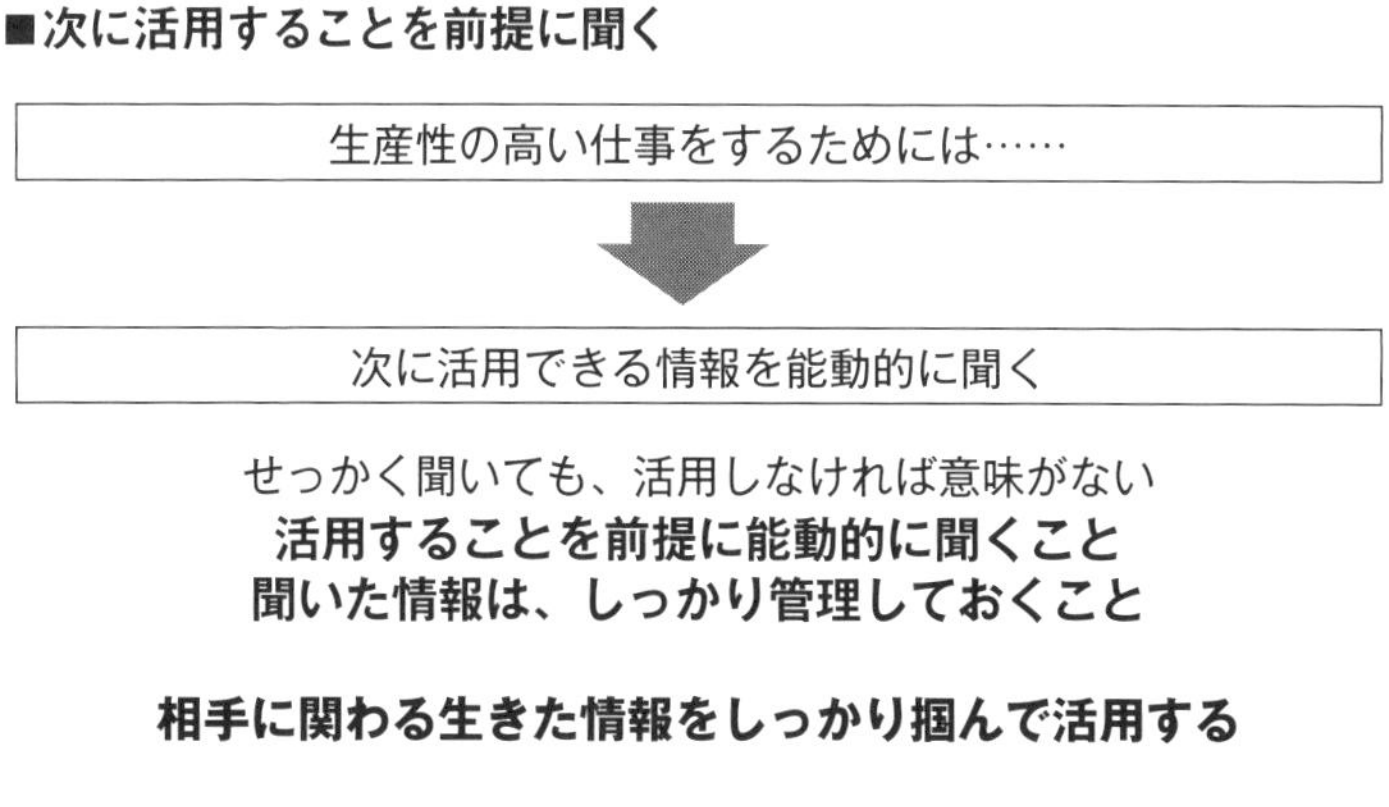

■次に活用することを前提に聞く
生産性の高い仕事をするためには……
次に活用できる情報を能動的に聞く
せっかく聞いても、活用しなければ意味がない
活用することを前提に能動的に聞くこと
聞いた情報は、しっかり管理しておくこと
相手に関わる生きた情報をしっかり掴んで活用する

結果が変わる⑤
自己主張ができる
相手を尊重しながら、自己主張できるビジネスパーソンになる

■自己主張で一目置かれる存在へ

自分の意見が相手に伝えられるビジネスパーソンは、相手から一目置かれる存在です。反対に、自分の考えを明らかにしない、またはできないビジネスパーソンは、相手から見たら、何を考えているかわからず、信頼を置けないと思われてしまいます。

実は、お客様や取引先、社内の世代が離れた先輩、上長に対し、自分の意見を控えて受け身的になってしまうのは、あまり良くないことなのです。

自分の考えを、何でもかんでも主張すれば良いかといえば、もちろん、そんなことはありません。言いたいことを話しているだけでは、信頼を得ることはできないでしょう。相手があることですから、相手に耳を貸してもらえる主張をしなくては、受け入れてもらえません。

相手の意向を尊重しながらも、自分の意見を伝えるため、ひいては仕事の成果を生み出すために、能動的な「聞き方」の実践が求められています。

■アサーティブなコミュニケーション

環境や状況、相手によっても、変わる場合がありますが、コミュニケーションには、大別すると次の2つの自己表現スタイルがあります。

・**受動的表現**……相手の意見を大切にするが、自分の意見を大切にしない自己表現スタイル。自分の意見を表現しないか、間接的にしか表現しないので、相手

■お互いに納得するアサーティブな自己表現

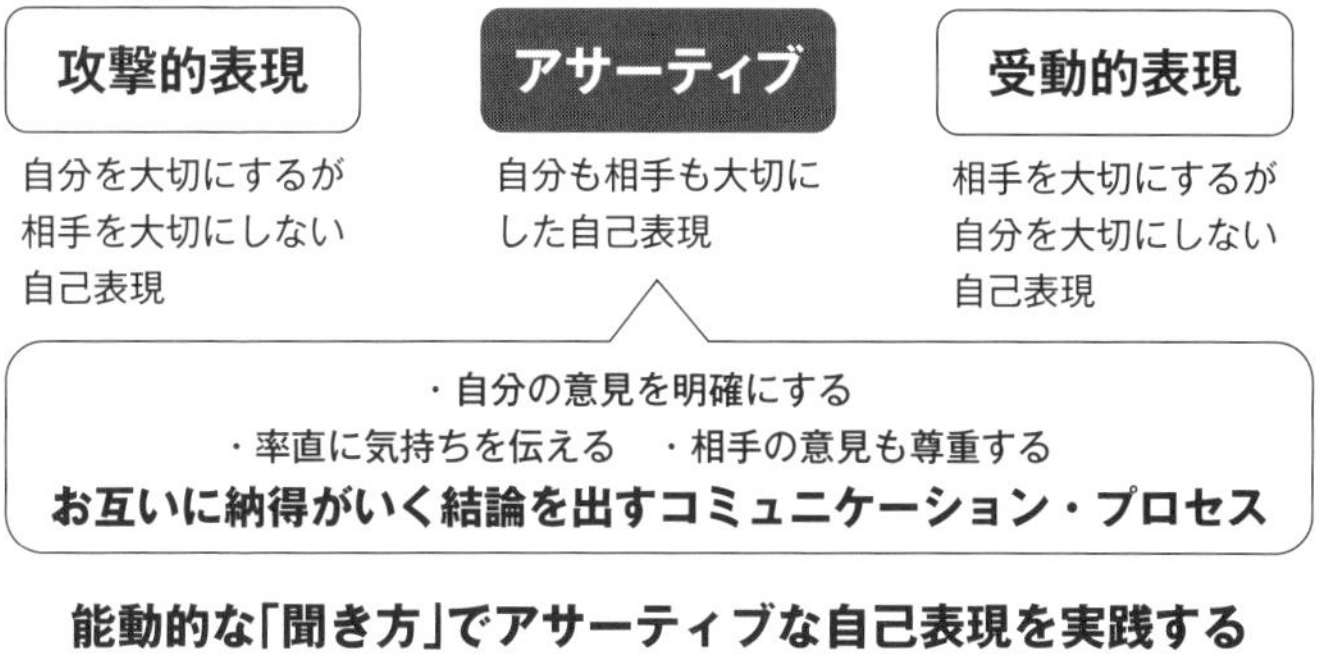
攻撃的表現
自分を大切にするが
相手を大切にしない
自己表現
アサーティブ
自分も相手も大切に
した自己表現
受動的表現
相手を大切にするが
自分を大切にしない
自己表現
・自分の意見を明確にする
・率直に気持ちを伝える　・相手の意見も尊重する
お互いに納得がいく結論を出すコミュニケーション・プロセス

能動的な「聞き方」でアサーティブな自己表現を実践する

から誤解されたり、軽視されたりしやすい。

・**攻撃的表現**……自分の意見を大切にするが、相手の意見を尊重しない、一方的な自己表現スタイル。自分の意見は受け入れられて当然、と押し通し、相手の気持ちを軽視する傾向。

この2つに対し、一目置かれる存在になるには、もう一歩進んだ表現スタイルを身に付けます。それが、自分の意見も、相手の意見も尊重する**アサーティブな表現**です。

アサーティブとは、自己主張するという意味です。自分の意見を無理に押し通すのではなく、相手の意見を尊重しながら、率直に対等に思っていることを伝える姿勢で、相互に発展的かつ積極的な関わり方のことです。

■円滑なコミュニケーションサイクルを回す

アサーティブになることで、相手の状況をより客観的に把握しようと能動的な「聞き方」になり、効果的なコミュ

■アサーティブな自己表現の順序を覚えよう

① **Describe**	：事実を描写する
② **Express**	：相手への配慮と自分がどう感じているかを率直に伝える
③ **Suggest**	：相手に取ってほしい言動など特定の提案をする
④ **Choose**	：相手の返事（Yes か No か）に対する選択肢を準備する

事例：予定がある日に飲み会に誘われてしまった

「残念ですが、その日は先約があり①参加できそうにありません」

「お誘いは嬉しいですが、とても残念です②」

「また来週にでもお誘いいただけませんか？③」

相手の反応に対して Yes と No それぞれの対応を準備しておく④

ニケーションが実現できるようになります。

「聞き方」「考え方」「話し方」の3つが連携して、コミュニケーションサイクルは成立します（下欄参照）。もちろん、どの要素も欠くことできないものですが、中でも一番重要なのが、「聞き方」です。

■「聞き方」がサイクルの肝

「聞き方」ひとつで、コミュニケーションサイクルは、円滑になったり、滞ったりします。「話し方」に自信がない方は、実は能動的な「聞き方」が不十分で、アサーティブができていないのです。円滑なコミュニケーションサイクルを回すためには、まず「聞き方」磨きから始めることが重要です。

能動的な「聞き方」の実践ができ、能力が上がれば、自ずとコミュニケーションサイクルはスムーズに回り、相手の意向を汲みやすくなります。

■「聞く」が肝心なコミュニケーションサイクル

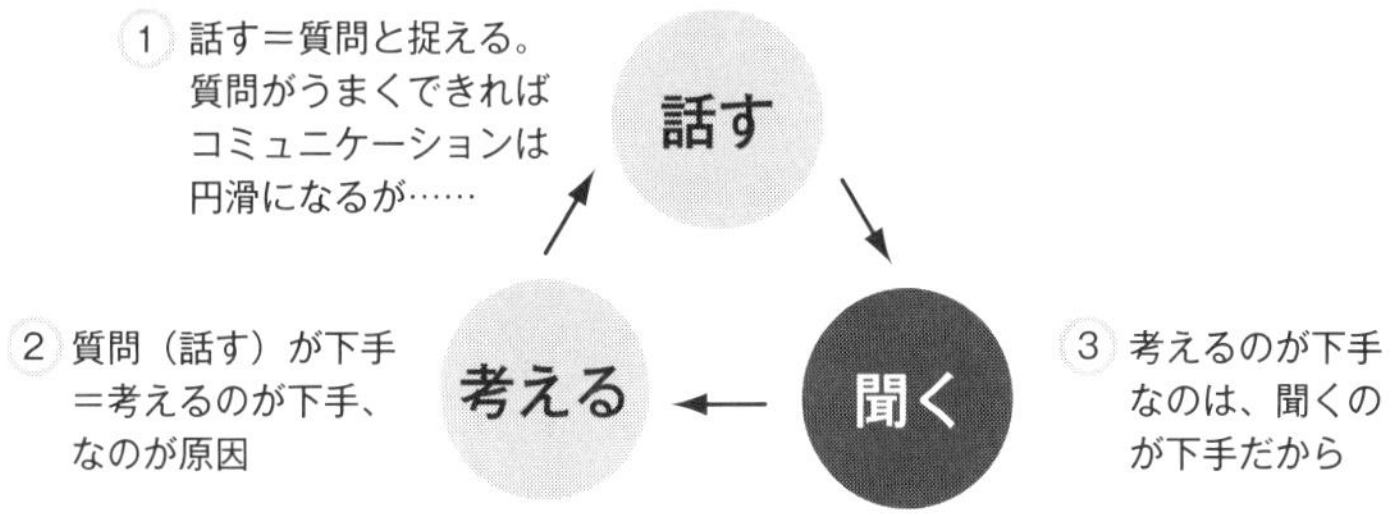

1 話す＝質問と捉える。
質問がうまくできれば
コミュニケーションは
円滑になるが……
話す
聞く
考える
3 考えるのが下手
なのは、聞くの
が下手だから
2 質問（話す）が下手
＝考えるのが下手、
なのが原因

能動的な「聞き方」でコミュニケーションサイクルを加速する

COLUMN 2

気づきを増やすトレーニング

■ 複数の視点で反応する

気づきを増やすトレーニングとして、1つのことにどのくらいたくさんの視点で反応できるか考えるのは有効です。

以下は私の名刺ですが、例えば、あなたはこの名刺をもらって、どんな反応（質問を含む）ができますか？

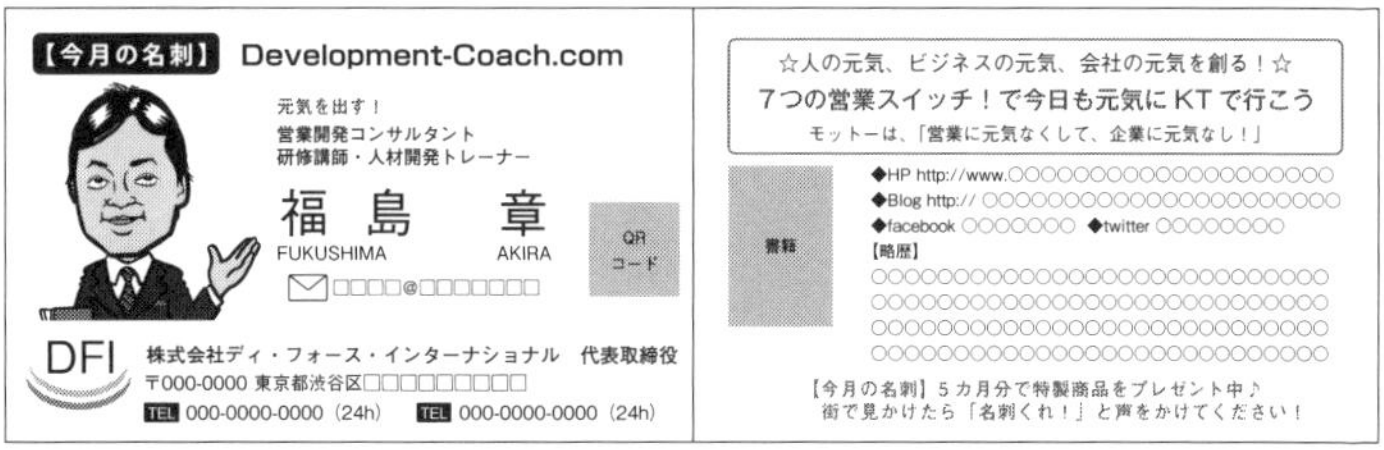

【普通の聞き方】

「面白い名刺ですねぇ〜？」「似顔絵似てますねぇ〜？」

「事務所は渋谷なんですねぇ！」

【賢い聞き方】

「今月の名刺って、もしかして毎月名刺変わるのですかぁ〜？」

「似顔絵良いですねぇ〜　どなたかプロが描かれたのですか？」

「24時間対応するってすごいですねぇ〜」

「KTってなんですか？　空気を創る（＝KT）の略ですかぁ！」

「プレゼント付きの名刺なんてはじめてもらいましたぁ〜」

１つの端緒（名刺交換）から、どのくらい複数の視点で反応（質問）できるかで、相手との距離の縮まり方が決まります。名刺に限らず、資料やチラシなどでもかまいません。日頃から練習しておきましょう。

第3章

結果に違いを作る、賢い「聞き方」の基本

積極的・自発的・能動的で
スマートな「聞き方」をマスターする

賢い「聞き方」で受け身を卒業する

聞く力を最大限に生かしてスマートに聞く方法

■受動的になるのを防ぐ

賢い「聞き方」とは、仕事の成果を出すために、自らが主体的に仕掛けていき、相手に一歩踏み込む「聞き方」のことです。

賢い「聞き方」を身に付けることで、無意識・無自覚で受動的な「聞き方」になるのを防止できます。「君、話を聞いているのかね?」などと相手から誤解を招くこともなくなります。さらに、「何か質問はありますか?」と問われれば、**自発的かつ能動的に聞く（質問する）ことができ**

るようになり、相手から一目置かれるような対応ができるようになります。

賢い「聞き方」が使いこなせるようになれば、周囲の人から、相談しやすい頼りになるビジネスパーソンとして、**絶対的な信頼を獲得できる**ようになります。

■聞く力をもっと生かそう

聞く力は、話す力より圧倒的に能力が高いのです。実際1分間でどのくらいの文字数を話せると思いますか？　標準的なスピード（TVニュースのアナウンサーレベル）であれば、250～300文字くらいです。一方、聞くほうは同様にどのくらいの情報量に対応できるものだと思いますか？　実に2倍以上の対応が可能といわれています。耳は2つで口は1つだから、かもしれませんね。

例えば、朝礼など人前でスピーチするとき、話をしながらあれやこれやと考えるのはなかなか難しいことです。反

■「話す」より「聞く」ほうがゆとりがある

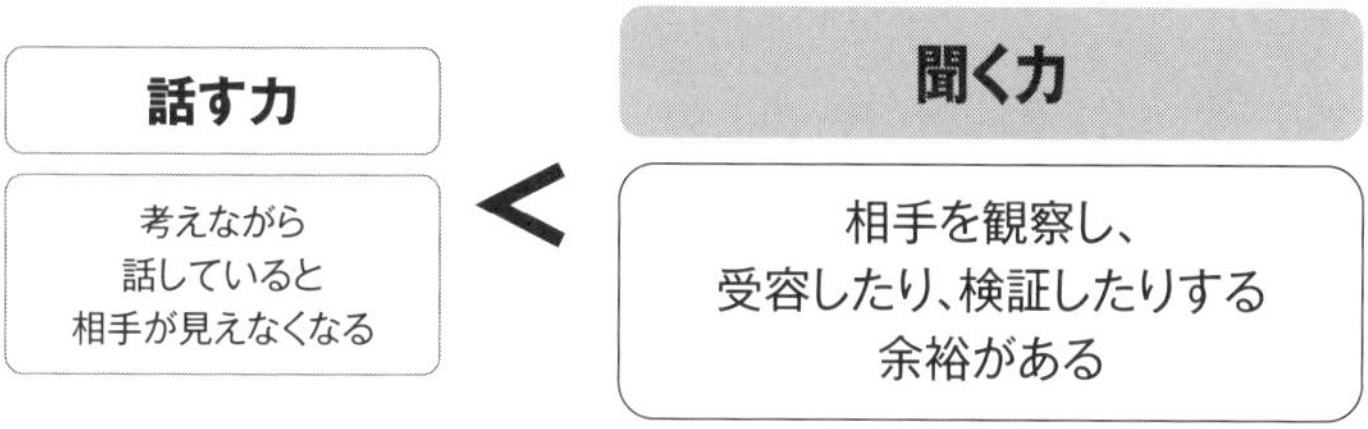
聞く力
相手を観察し、受容したり、検証したりする余裕がある
＜
話す力
考えながら話していると相手が見えなくなる

「聞く力」を十分に生かしていない人＝もったいない人

対に、聞いている側はどうでしょうか？　相手の話を聞きながら、納得したり、メモしたり、疑問を感じたり、顔色をうかがったりと、並行していろいろなことができるのです。

話し手よりも聞き手のほうが、だいぶ余裕があるということです。それゆえ、この聞く力を仕事で最大限に生かさないと実にもったいないのです。聞く力を鍛え、最大限に生かすことで、よりスマートに仕事の成果を出すことができるようになります。

■相手のニーズを掴んで成果を出す

ビジネスでは、相手のニーズ（欲求）を的確に掴むことができるかどうかで、成果が大きく変わります。このニーズには、すでに現れている**「顕在ニーズ」**と、いまだ現れていない**「潜在ニーズ」**があります。

顕在ニーズとは、可視化された欲求のことで、「〇〇〇がほしい」「□□□がしたい」と相手が自ら発信してくれているので掴みやすいものです。

一方、潜在ニーズとは、可視化されていない、目に見えない欲求のこと。「なぜ○○○がほしいのか?」「どうして□□□がしたいのか?」という言葉の裏に隠れている感情や動機などがそれです。

■相手も気づいていない潜在ニーズ

潜在ニーズの中には、**本人ですら明確に理解できていないニーズ**もたくさんあります。「なぜ自分はこれが好きなのか?」を、はっきりと答えられない場合が意外にあるものです。

だからこそ、賢い「聞き方」が必要なのです。相手の潜在ニーズを引き出し、掴むのに、賢い「聞き方」は効果的です。しっかり聞ければ、相手との関係はより強固なものになり、仕事の成果にも繋がっていきます。

■「顕在」から「潜在」へアクセス

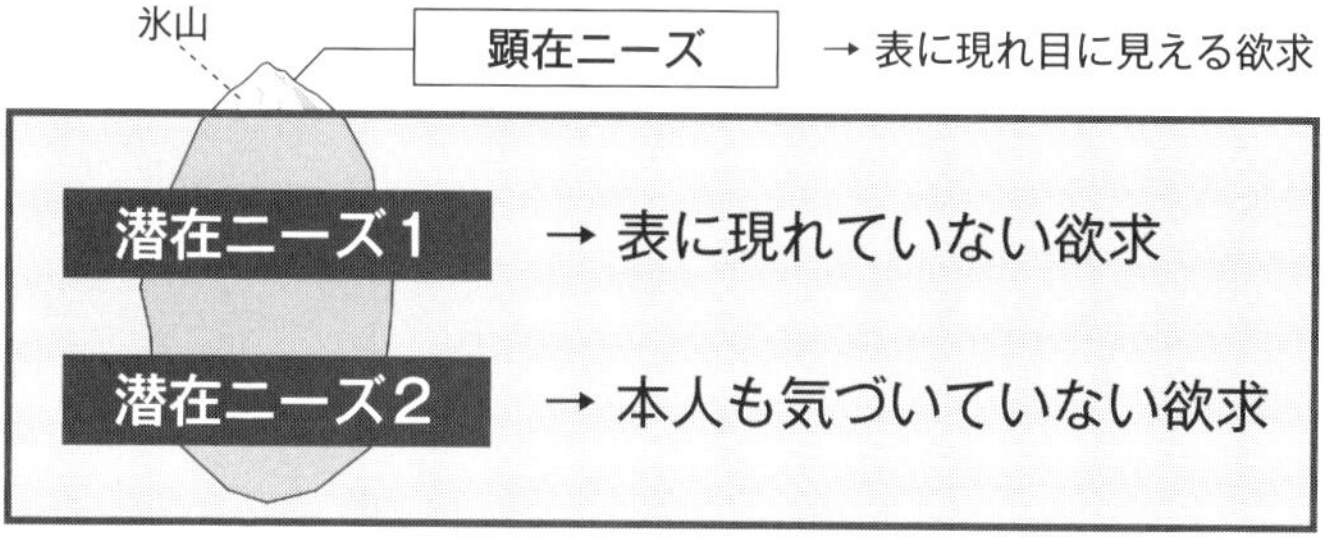

仕事の成果は潜在ニーズに気づけるかで差が付く！

5つの「聞く」で実践する

5つのレベルを理解して使いこなす

■言葉以外のメッセージも意識する

ビジネスパーソンは、仕事の成果を出すために、相手の期待やニーズをしっかり聞くことができなければなりません。そのためには、相手が発しているあらゆるメッセージを全身全霊で受けとめなくてはなりません。

相手の発信するメッセージは、言葉だけとは限りません。声色・言葉の抑揚・調子など話し方に関わる情報（準言語情報）、さらに、身振り手振り・表情・姿勢・態度など言葉以外の情報（非言語情報）があります。

■言葉だけではない！ 相手からのメッセージ

①言葉（言語）
話の内容・使っている言葉など

②話し方など（準言語）
声の調子や高低、声色など

③視覚的なもの（非言語）
態度、姿勢、ボディランゲージ、表情、身振り、視線、服装など

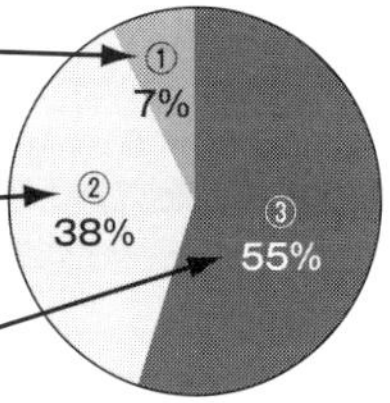

出典：アルバート・メラビアン
(1971年 Silent messages)

3つの視点で受信アンテナを磨いていこう

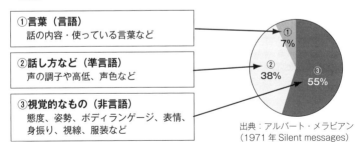

相手の発するこのような情報を的確にキャッチして、次のアクションに繋げていかなければなりません。**言葉以外の情報まで受け取れるよう、受信アンテナの感度を上げる必要があります。**それを可能とするのが、次の5つのレベルの「聞く」です。

■賢い「聞き方」レベル1　耳で聞く

まず、賢い「聞き方」習得のための第1レベルは、やはり「耳」を使って聞くことです。「聞」という漢字の「門」構えは、自分のフィルターと同じ意味合いであり、自分が意識を向けていない言葉や情報は、耳に入ってこないことになります。つまり、聞けていないということです。馴染みの薄い言葉は、自分の耳には届きにくいものです。

より良く耳で聞くためには、**好奇心や向上心を持ち、自分の興味・関心領域のフィルターを広げて**いかなければなりません。

■賢い「聞き方」5つのレベルを知っておこう

レベル5	心で聞く	聴く
レベル4	口で聞く	訊く
レベル3	頭で聞く	効く
レベル2	目で聞く	利く
レベル1	耳で聞く	聞く

■賢い「聞き方」レベル2　目で聞く（＝利く）

賢い「聞き方」習得のための第2レベルは、「目で聞く」こと。「目で聞く」とは、ちょっと変な言い回しですが、目を中心に、五感（視覚・嗅覚・聴覚・触覚・味覚）を活用して聞くことです。「鼻が利く」などといいますが、そういったものに当たります。五感を研ぎすませ、**相手の言葉や情報に対する「観察眼」を磨いていくこと**です。

賢い「聞き方」をマスターするためには、相手の一挙手一投足に気づくことができるかどうかが大切です。目に見える違いや差に気づくことができれば、相手の発信するメッセージを敏感に受信でき、その変化や違いに興味・関心を抱くことで、賢い「聞き方」ができるようになります。

■賢い「聞き方」レベル3　頭で聞く（＝効く）

賢い「聞き方」習得のための第3レベルは、「頭で聞く」

■五感を総動員して聞く

五感を使う＝相手に対する観察眼を磨くということ

ことです。「頭で聞く」とは、**相手の話を頭の中で一つひとつ整理しながら聞くこと**です。

もちろんノートやメモに記録することも大切ですが、ただメモしていればいいというわけではありません。相手の話を頭の中で整理し、要点をまとめて復唱すること（バックトラッキング）で、話をしっかり聞いていることをアピールする効果があるとともに、相手の話した内容と自分の理解した内容の差がないことを確認しながら相互理解にも「効く」のです。

さらに、話を聞き終わった後、確認メールや議事録などで、「頭で聞いた」ことを形に残し記録する習慣を身に付けることで、賢い「聞き方」はさらにレベルアップします。

■ 賢い「聞き方」レベル4　口で聞く（＝訊く）

賢い「聞き方」習得への第4レベルは、「口で聞く」ことです。

■バックトラッキングで確認する

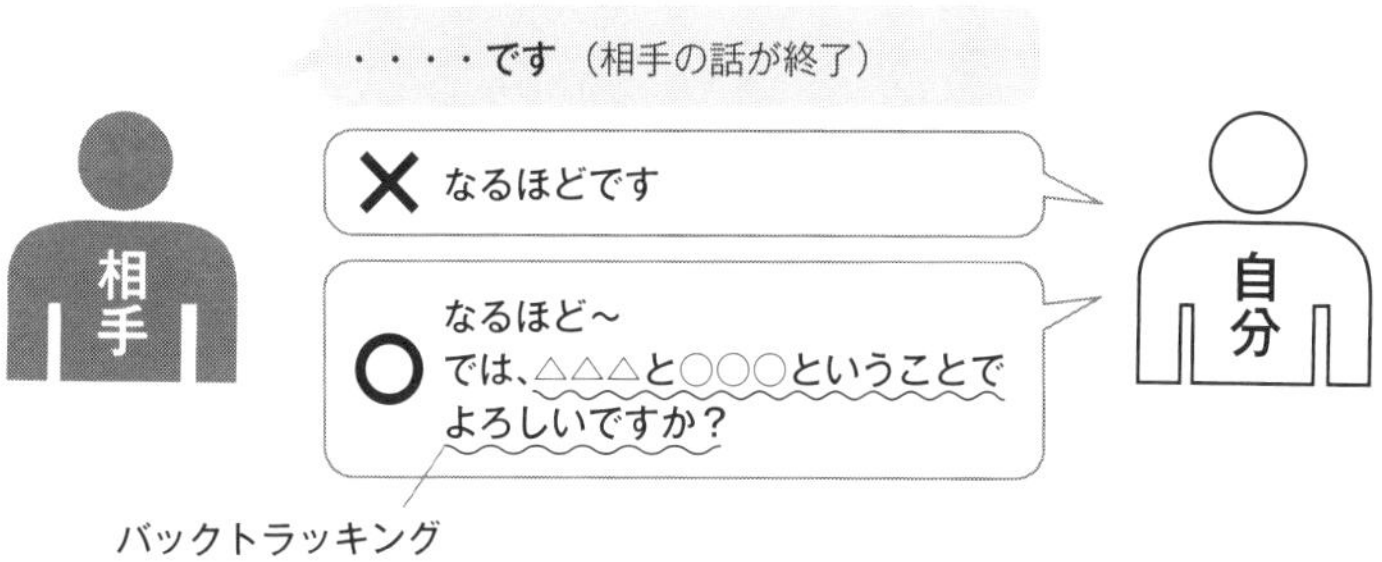

復唱・要点のまとめで、こちらの理解を相手に見せる

「口で聞く」とは、質問すること。**質問することで、自分の理解を深めたり、広げたりしていきます。**

同時に、相手との相互理解にも大いに役立ちます。知りたいことやわからないことなどの解消のみならず、相手をもっと理解したい時や念のため再確認をしたい時など、あらゆる場面で「口で聞く」は重要です。質問することは、相手に一歩踏み込んでいける行為なのです。

賢い「聞き方」のレベル1〜3がベースにあってこそ、レベル4の「聞き方」は上達します。質問集のような本を読んで形式的に質問しているだけでは、賢い「聞き方」は身に付きません。

■賢い「聞き方」レベル5　心で聞く（＝聴く）

賢い「聞き方」習得のための第5レベルは、「心で聞く」ことです。

「心で聞く」とは、「聴」という漢字に「心」がついてい

■「もしも……」で質問する

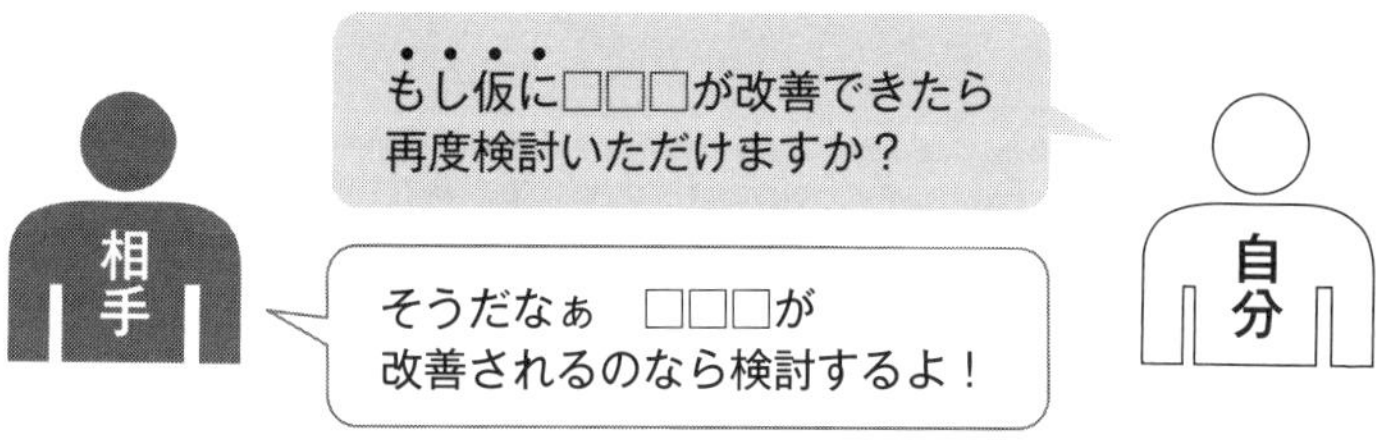

仮定の質問で一歩踏み込んで聞く

るように、**心と頭をオープンにして、相手の思考や心情を想像しながら、相手に寄り添い聞くこと**です。

そのためには、自分なりの仮説を常に持ち、相手の話を誠心誠意受けとめる、オープンな「聞き方」が必須です。相手に悟られてしまえば、信頼をなくすことにも繋がる行為だからです。

仕事の成果を出すために、相手から、「この人と一緒に仕事をしたい」と言ってもらえる関係を作ること、それが賢い「聞き方」を習得する意味です。

以上、5つの「聞く」（レベル1から5）を理解していただけましたか？

賢い「聞き方」をマスターするうえで、基礎・土台となる5つの「聞く」は、一つひとつが独立して機能するだけでなく、各々が連動・連携していくことで、よりレベルの高い、賢い「聞き方」が実現可能となります。

■「心で聞く」＝傾聴の実践

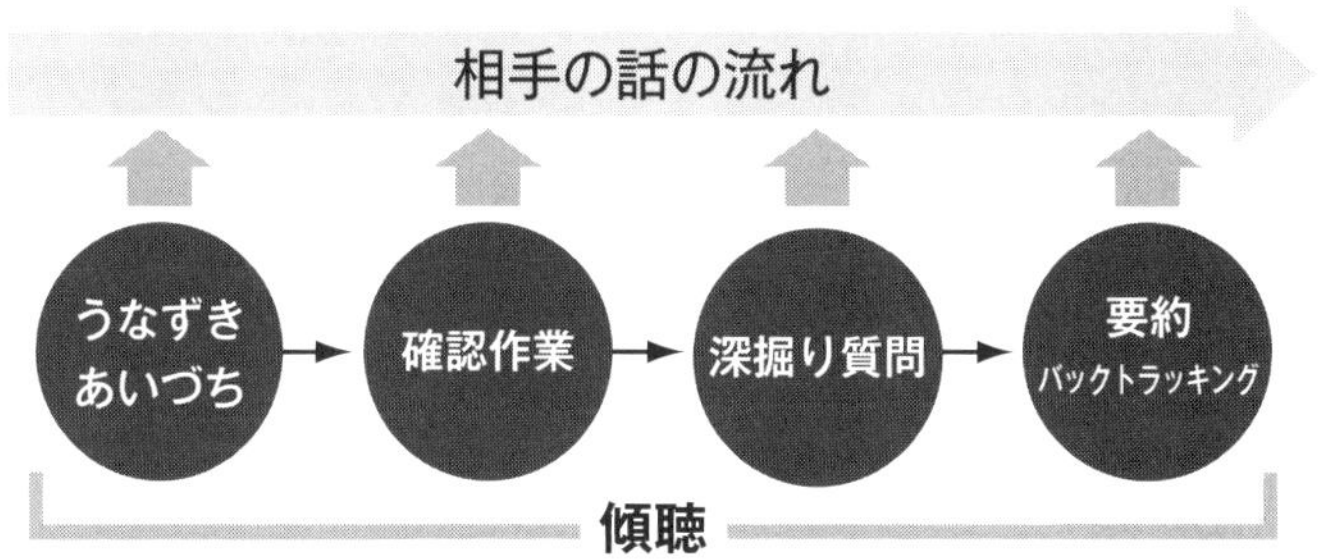

この繰り返しで相手の話のリズムを良くする

反応・深掘り・展開の力を鍛える

賢い「聞き方」は、反応力・深掘り力・展開力のかけ算から

■実践で活用してこその賢い「聞き方」

賢い「聞き方」は、日常実践してこそ、その価値を発揮していくものです。耳・目・頭・口・心で「聞く」ことを意識できるようになると、受け身の「聞き方」は、もうできなくなります。仕事の成果を出すために、様々な相手に、自ら主体的に仕掛け、一歩踏み込んだ「聞き方」の実践が楽しめるようになります。

より効果的に、賢い「聞き方」を身に付けるためには、5つの「聞く」にプラスして**反応・深掘り・展開という3**

■5レベルの「聞く」＋ 3つの「力」で賢い「聞き方」を実践

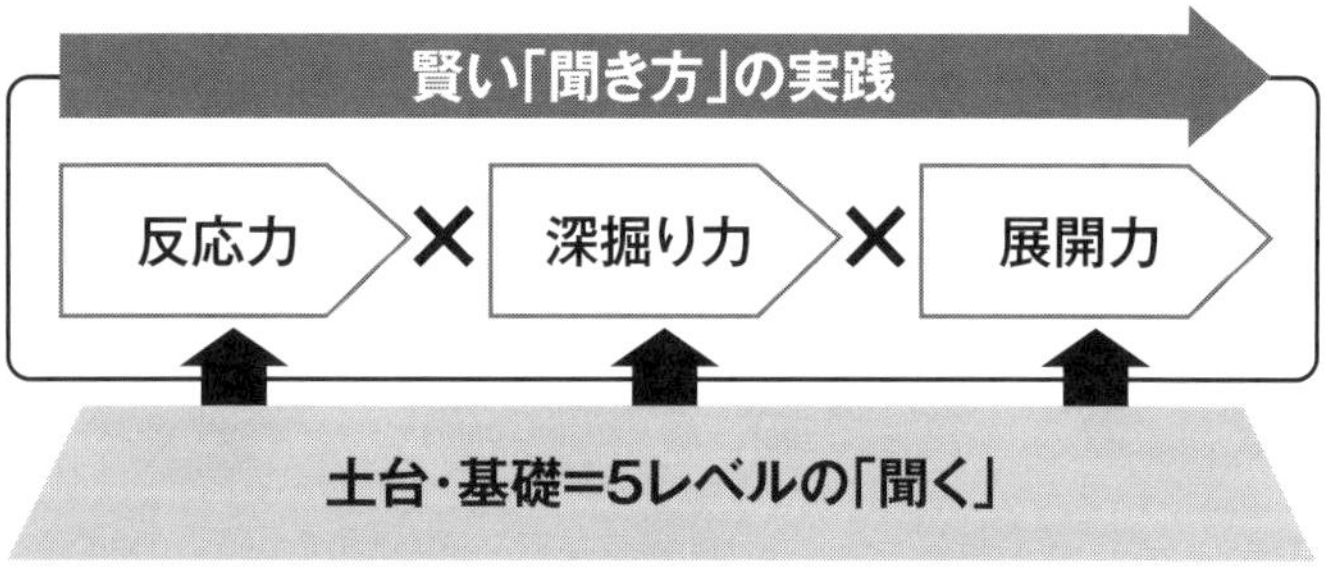

実践すれば必ず身に付く賢い「聞き方」

つの能力を鍛えていくと、より実践的です。
反応のバリエーションを増やし、深く掘り下げ（深掘り）、ダイナミックに展開していくことで、賢い「聞き方」の使い手として、結果に大きな違いを出していけるようになります。

■Yes／Noを表現して相手から聞き出す「反応力」

賢い「聞き方」の実践編として、第1に「反応力」を鍛えましょう。

聞くのに一生懸命になり、反応することを忘れてしまう人はよくいます。「聞く」という行為は、一見受け身ですから、反応の仕方を工夫することはとても重要です。より積極的で、より踏み込んだ聞き方の実践のための第一歩は、**自身の反応力を磨くこと**です。

「コミュニケーションは、ストロークのキャッチボール」という原則があります。ストロークとは、認知（肯定）ま

■反応する力 ＝ 様々なストローク を鍛える

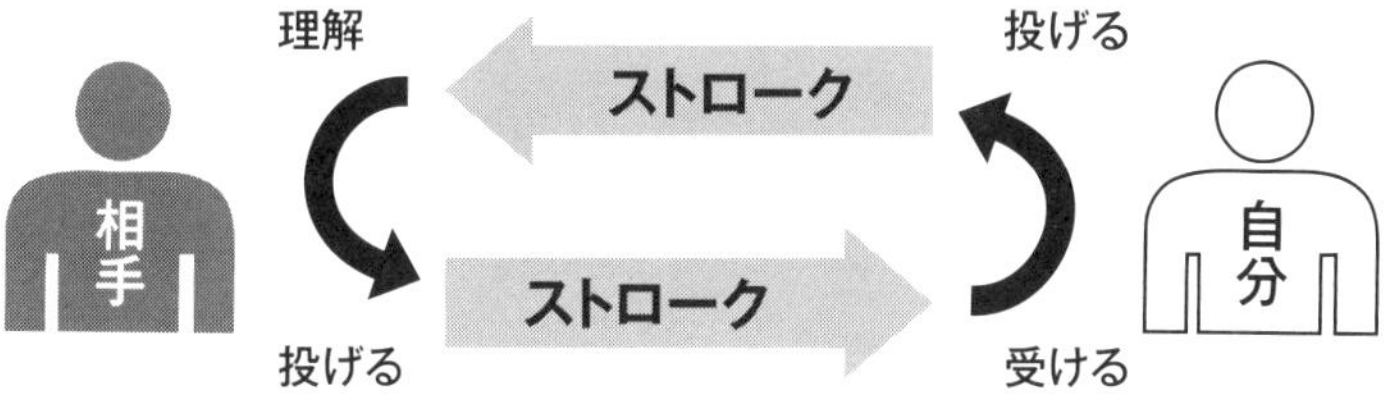

意識的かつ好意的なストロークで対人関係はうまくいく

たは否認（否定）を表現・伝達する言動の一単位のことです。対人関係では、互いにストロークをキャッチボールしています。

自分の出したストロークは、必ず相手から何らかのストロークとして戻ってきます。「笑顔 ＋ おはよう」というストロークを送れば、「笑顔 ＋ おはよう」と戻ってくるものです。しかし、時に、無反応という反応のストロークが戻ったりします。これも、否認というひとつのストロークです。どのような反応を返しているかが重要です。

このように、反応する力は、賢い「聞き方」の実践のうえで欠かせない重要なスキルです。

■点でしかない情報を面にまで広げる「深掘り力」

賢い「聞き方」の実践編として、次に意識したいのが、「深掘り力」です。

対人関係の中で反応力を駆使できるようになると、相手からメッセージを引き出すのがうまくなります。そこで重要なのが、深掘りする力です。深掘りする力とは、相手から発せられる言葉や情報などのメッセージに、しっかりと食いつき、仕事の成果に繋がる価値ある情報を得ることです。そのために、賢い質問、つまり**「深掘り質問」**を投げかけられる力を身に付けていく必要があります。

深掘り質問とは、相手からの1つの情報を「点」から「線」へ、「線」から「面」へ、そして「立体」的な情報へと昇華させていくことです。例えば、「趣味がゴルフだ」という情報（点）があれば、「始めたきっかけは？」「キャリアは？」「よく行くコースは？」「ベストスコアは？」「好きなプロは？」「仕事でも行く？」など相手の発信に速やかに「多問」できる力を身に付けることです。深掘りすることで、相手の1つの情報に厚みを出すことができます。深掘りする力の良し悪しで、時間当たりのコミュニケーションの生産性は大きく変わってきます。

■点から立体へ、深掘り質問を使いこなす

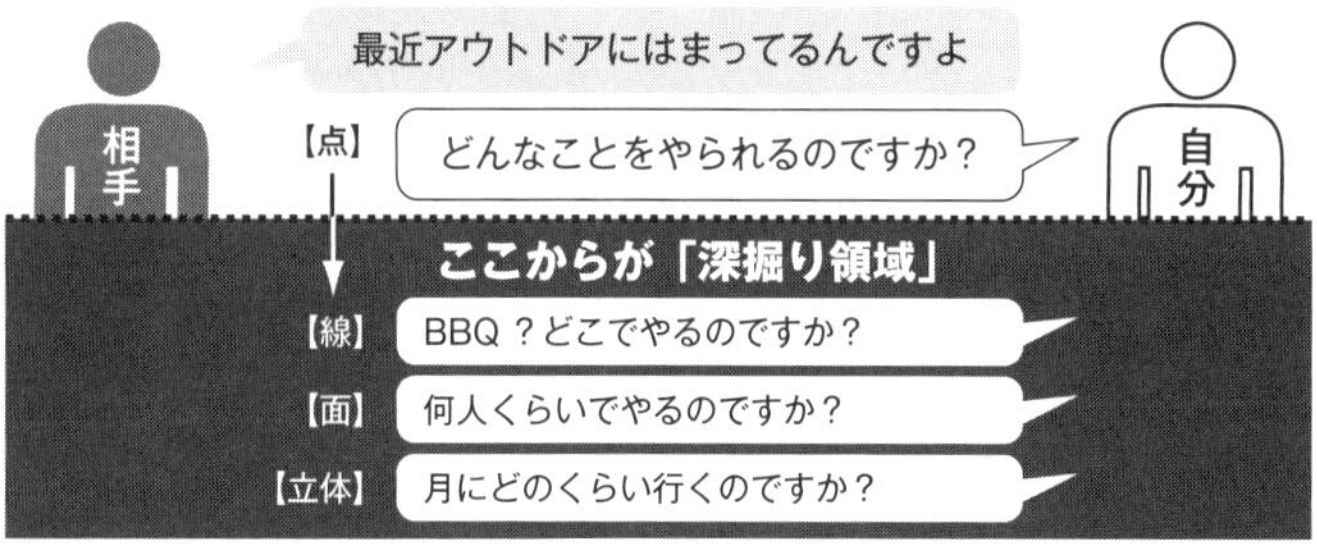

1つの情報を端緒に、できる限り多くの情報を収集する

■視野を広げ相手を巻き込んでいく「展開力」

賢い「聞き方」の実践者として、次に鍛えたいのが、「展開力」です。展開力とは、「深掘りする力」で掴んだ情報を起点に、**視野を広げたり、視点を高めたりして、最終的に、相手を巻き込んでいく力に変えていくこと**です。

例えば、前述のゴルフの例で言えば、「仕事仲間ともよくゴルフに行く」という情報を得られれば、いろいろと次の展開を図ることができます。「自分はゴルフをやらないので……」という消極的な反応は、賢い「聞き方」ではありません。ゴルフをやったことがなければ、「私は運動が苦手で、ハードルが高いのですよ。ゴルフって仕事のためにもやったほうがいいですかね？」などと、相手起点の情報から積極的に展開してこそ、賢い「聞き方」です。

この例で言えば、相手は、ゴルフと仕事の関係性について、いろいろと教えてくれることでしょう。そして、相手

■視野を広げて相手を巻き込むポイントを増やす

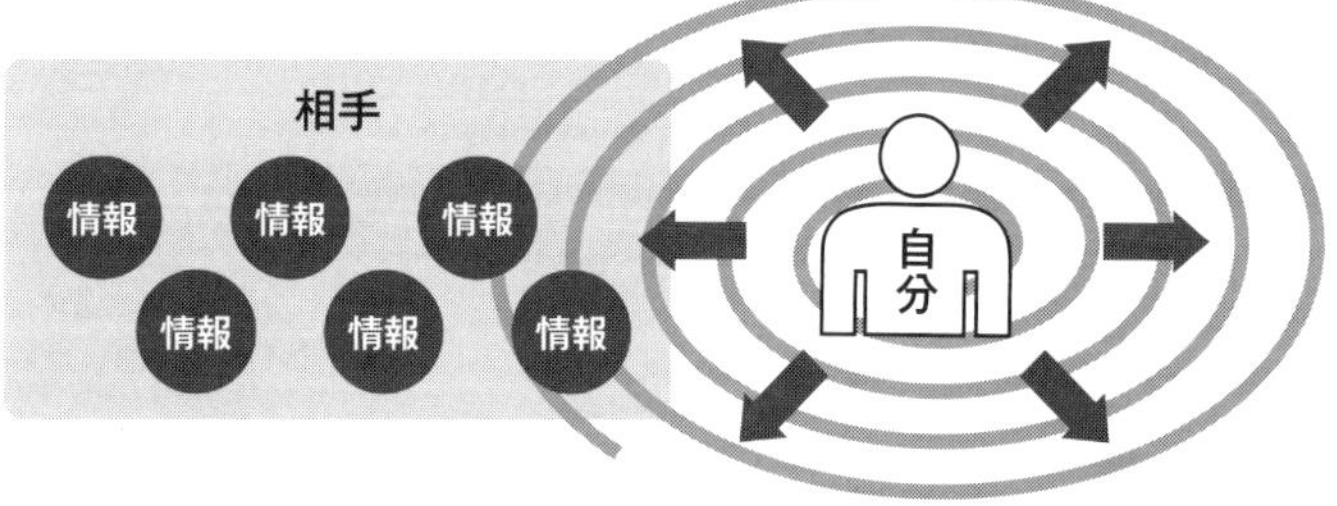

新たな相手情報を掴んで、巻き込み力を発揮する

の人脈の中に、新しい繋がりがまた生まれるのです。

ビジネスパーソンは、仕事の成果を出すために、ダイナミックに相手と関わっていくことが求められています。仕事の進め方が受け身では、高い成果は望めません。積極的に相手と関わり、新しい付加価値を生み出していくためには、賢い「聞き方」の実践者として、常に展開することを狙っていきたいです。

■3つの力が賢い「聞き方」を強力にバックアップ

賢い「聞き方」をマスターし使いこなせる実践者になるために、反応力・深掘り力・展開力の3つを意識して磨いていく必要があります。この3つの力は、相互に作用し合い、かけ算となって、賢い「聞き方」の実践を強力にバックアップしてくれます。

より具体的な実践スキルについては、第4~6章に紹介してありますので、確認してください。

■賢い「聞き方」をバックアップする3つの力

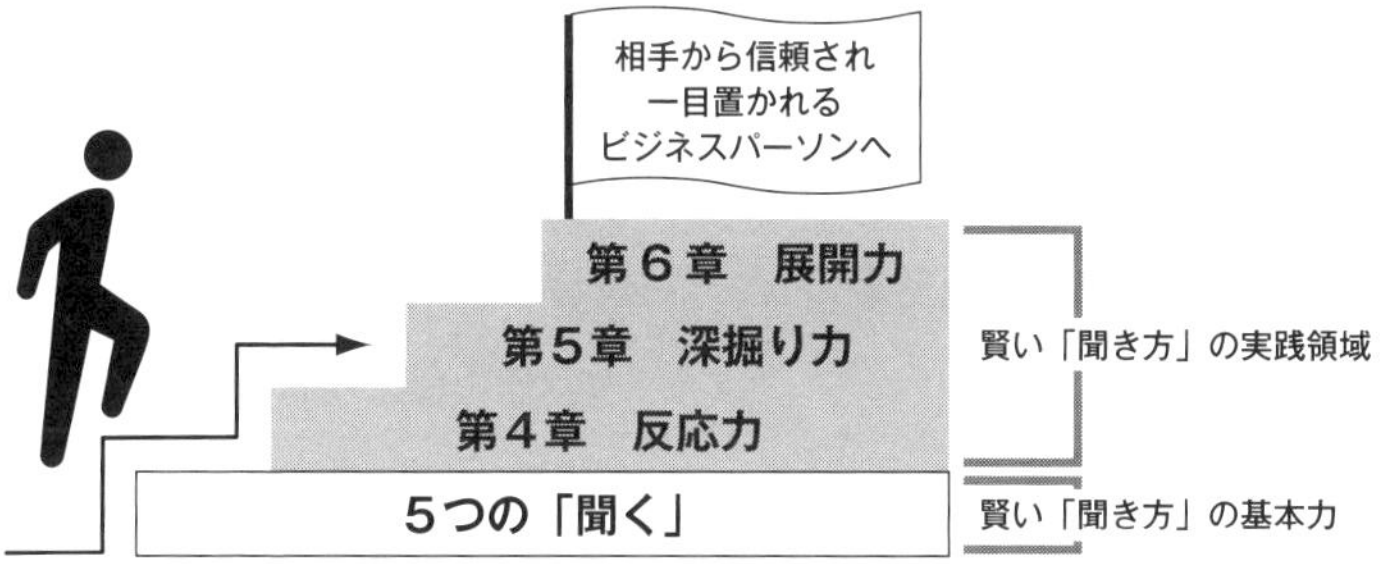

3つの力で賢い「聞き方」の実践ステージへ

思考停止を防ぐ様々な方策

正解探しをしない。自ら仕掛け、一歩踏み込む

■「人それぞれだから」で片付けない

ビジネスにおいて、昨今「多様性（ダイバーシティ）」の視点を持つことが重視されています。

多様性とは、幅広く性質の異なるものが存在する状態のことですが、単に「いろいろある、いろいろいる」というだけで終わってはいけません。その様々な違い（相違点）を積極的に生かしていく視点を持つことが重要なのです。

しかし、人は、自分と異なる考えや性格の相手と積極的に関わりたがりません。特に、**対極のタイプの人とは、共**

■思考停止人間にならない

思考停止する人	思考停止しない人
1つの「正解」を求める	常に「最適解」を求める
違う意見を「人それぞれ」と片づける	自分と違った意見に興味を持つ
相手の話に興味を持たない	人の話を自分事として捉える

賢い「聞き方」で最適解を求めていこう

通項を見つけづらく、距離を置いてしまう傾向があります。理解しようと努力せず、「人それぞれだから」と思考停止してしまうのです。

■賢い「聞き方」で思考停止を防止する

相手との関係の中に、単純な共通項ではなく、両者にとって新たな視点や視座を生み出すことができれば、対人関係は有意義なものとなります。

対人関係では、これが正解という**「唯一絶対正解」など存在しません。**相手との関係の中に絶対的な正解を探し、見つからないといって思考停止してしまうのでは、実にもったいないことです。

唯一絶対の正解を探して思考停止するのではなく、賢い「聞き方」を実践し、常に多様性という視点から、お互いの最適解を探し続け、ビジネス上の対人関係を強固にしていきましょう。

COLUMN 3

視点を増やすトレーニング

■ 書店探索で興味・関心領域を増やす

賢い「聞き方」を実践するうえで、視点を増やすトレーニングとしてお勧めしたいのが、「自分がまったく興味・関心のない領域へ強制的に触れる機会」を意識的に作ることです。

【書店探索】

書店は、新たな視点を手に入れるために効果的な場所です。

時間のある時に、規模の大きい書店に足を運んで、全体を隅々まで自分の目で観察してみます。

「こんなコーナーがあったんだ？」という棚を見つけ、立ち止まり、そこにどんな本があるのか観察してみてください。

【雑誌探索】

書店の雑誌コーナーでも同様に、これまでまったく興味・関心のなかった、見たこともない雑誌をあえて手に取り、立ち読みしてみてください。

「いつからこの雑誌はあるのか？」「どんな人が購入するのか？」「どんな特集なのか？」「どんな広告が掲載されているのか？」など、自分なりの発見を試みてください。

視点を増やすには、まず自分の興味・関心を広げることです。そのためには、日常で目にとまりにくいものへ意図的に目をとめて、あれやこれやと考えてみることから始めてみると良いでしょう。

第4章

賢い「聞き方」の実践 I
反応力を鍛える

反応のバリエーションで
ビジネスコミュニケーションをリードする

全身を使って聞く・反応する

賢い「聞き方」の肝は、反応のバリエーションから

■ポジティブな反応のバリエーションを増やす

賢い「聞き方」を使いこなせるようになるための肝は、能動的な反応を表せるようになることです。人は居ながらにして、何らかのストローク（71ページ参照）を発信しています。そのストロークを、意識的にコントロールして発信するのが反応です。

反応には、相手に対して、肯定的な意思を伝えるポジティブな反応と、否定的な意思を伝えるネガティブな反応とがあります。聞き手の反応によって、相手の発信は影響

■ポジティブストロークで話しやすくさせる

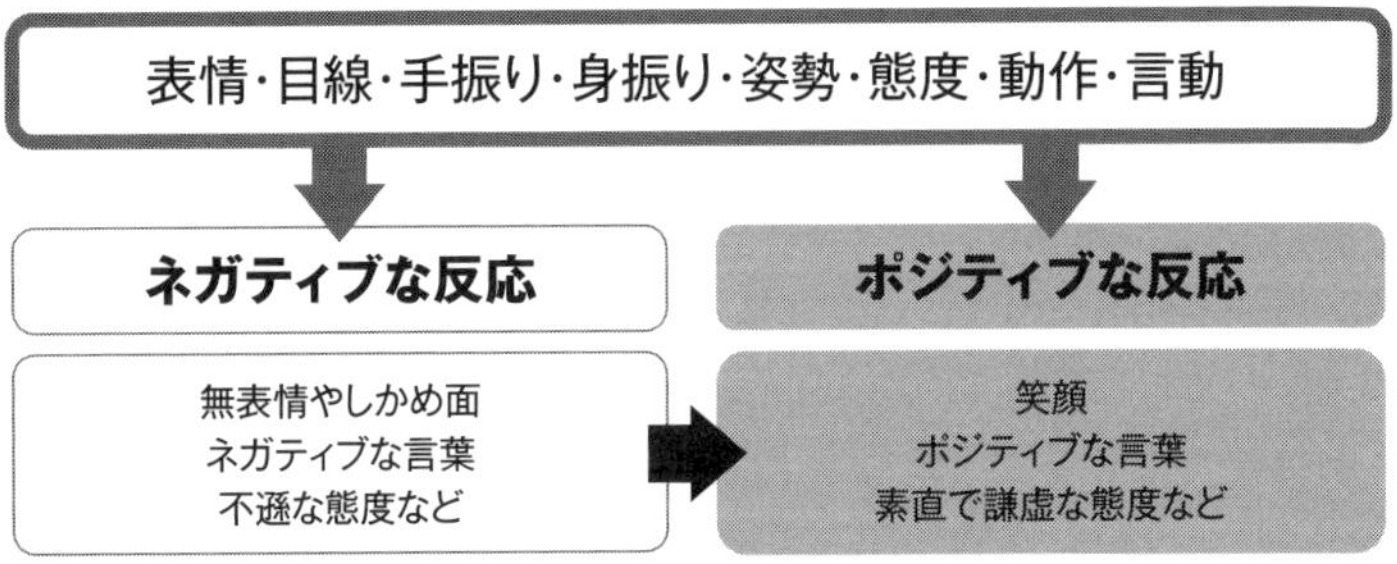

表情・目線・手振り・身振り・姿勢・態度・動作・言動
ネガティブな反応
ポジティブな反応
無表情やしかめ面
ネガティブな言葉
不遜な態度など
笑顔
ポジティブな言葉
素直で謙虚な態度など

無意識・無自覚なストロークに注意しよう

を受けます。もっと話を聞きたいというポジティブなサインを出す聞き手と、早く話が終わらないかなぁといったネガティブなサインを出す聞き手では、どちらが話しやすいかは一目瞭然です。**ポジティブな反応のバリエーションを増やしていくこと**が、賢い「聞き方」の基礎になります。

また、反応は、小さくわかりにくいサインではなく、大きくてわかりやすいサインであることが大切です。ポジティブな反応の代表である笑顔も、小さい笑顔より大きな笑顔のほうが、より相手に気持ちを伝えることができます。

■反応は全身全霊で伝える

いいかげんな受け答えやはっきりしない返事、気のない返事のことを生返事といいますが、ビジネスパーソンが一番やってはいけない反応のひとつです。

例えば、入社時に新社会人はビジネスマナーを学ぶものですが、聞き手として失礼のない反応をするよう、最低限

■3つの笑顔で表情コントロール

スタンバイスマイル
- 穏やかで温かい笑顔
- 口角を上げて話しかけやすい笑顔
- 「い」の口で、歯は見せない

いつでもどこでも
スタンバイスマイルで

ハーフスマイル
- ウェルカムを伝える笑顔
- 上の歯が見えるくらいで品のある笑顔
- 前歯４本程度

フルスマイル
- 嬉しさ楽しさを伝える笑顔
- 明るくパワフル。下品にならないように
- 上下の歯が見えるよう口は全開

笑顔は、ビジネスパーソン最強の武器となる

の礼節を習得するためです。

賢い「聞き方」の実践では、まず「はい」「なるほど」「たしかに」など、バーバル（言葉）での反応は必須ですが、ノンバーバル（言語以外の）での反応を併せて実践することが重要です。

こちらの反応を明確に伝えるため、頭のてっぺんから足先まで使い、相手に対して、聞いている姿勢を全身全霊でアピールします。

■相手を不快にさせる無意識の反応に注意

ノンバーバルの反応で代表的なものとして、表情・目線（アイコンタクト）・口（口角）・うなずき（角度や深さやリズム）・身振り手振り（ジェスチャー）・姿勢・態度などがあります。気をつけなければならないのは、**無意識のうちに、相手を不快にさせてしまうノンバーバルの反応**です。

不快にさせる代表的な反応は、ため息・舌打ち・貧乏揺

■主要ストロークをセルフチェック

- □ **表情**　豊かな表情ができているか？
- □ **目線**　適度に目線を合わせているか？（3割程度）
- □ **うなずき**　適度に顎を動かし反応しているか？
- □ **姿勢**　腕組みや頬づえをついたりしてないか？
- □ **態度**　適度に身振り手振りを入れて反応しているか？
- □ **動作**　ながら仕草で聞いていないか？
- □ **言動**　適切な言葉づかいができているか？

賢い「聞き方」はストロークのコントロールから

すりなどです。パソコンやスマホに目をやりながら聞く姿勢も、不快な反応のひとつと言えるでしょう。

■相手との距離感・ポジション取りに注意

反応のバリエーションを増やしていく中で、意識しておきたいことがあります。それは、**相手との距離感やポジション**です。

まず距離感ですが、初対面から相手に近づきすぎるのは良くありません。人は、自分の周囲60センチ程度のパーソナルエリアに侵入されると、無意識に警戒します。相手を見ながら、距離を調整していく必要があります。

また、相対するポジションにも注意を払うべきです。面談のように向かい合わせに座ると、どうしても対立の構図が生まれます。可能な限りコーチのポジション（2人の間の角度を90度以内のはす向かいにする）を理想にすると良いでしょう。

■距離感が大事なポジションによるストローク

ビジネス関係では、緊張緩和ポジションからスタートしよう

「うなずき＋α」で反応を返す

反応の基本、うなずきをスマートにバージョンアップ

■「うなずき」を「あいづち」へ

ビジネスコミュニケーションの中で、「どのようにうなずいているか？」はとても大切です。

例えば、ある企業で行った商談ロールプレイング研修での出来事を紹介します。

撮影したビデオを使って振り返りを行っていたところ、受講者はあることに一番驚いていました。それは、「自分はうなずいていたつもりなのに、ビデオには無反応な自分が映っている」ということでした。

この方は、心と頭ではうなずいていたのですが、実際には顔を動かしたり、表情豊かにうなずいたりはしていなかったのです。心と頭でうなずいているだけでは、相手に聞いている姿勢は伝わりませんね。

うなずきは、相手にわかる反応を返すことです。顔を縦に振れば同意、横に振れば拒絶、斜めに倒せば疑問と、うなずきの仕方で、自分の気持ちを伝えることができます。さらに、声を出して表情豊かにうなずくことができると、**あいづちに進化**します。

もちろん、表情は笑顔で、うなずきは少なくとも10センチ以上顎を上下させ、身体全体で相手に「聞いていますよ！」というメッセージを返していきます。こうすれば、ポジティブなあいづちだと相手は受け取るはずです。

■ あいづちでリズムを作る

あいづちの入れ方次第で、会話や対話の生産性は大きく

■うなずき ＋ 言葉 であいづちへ進化

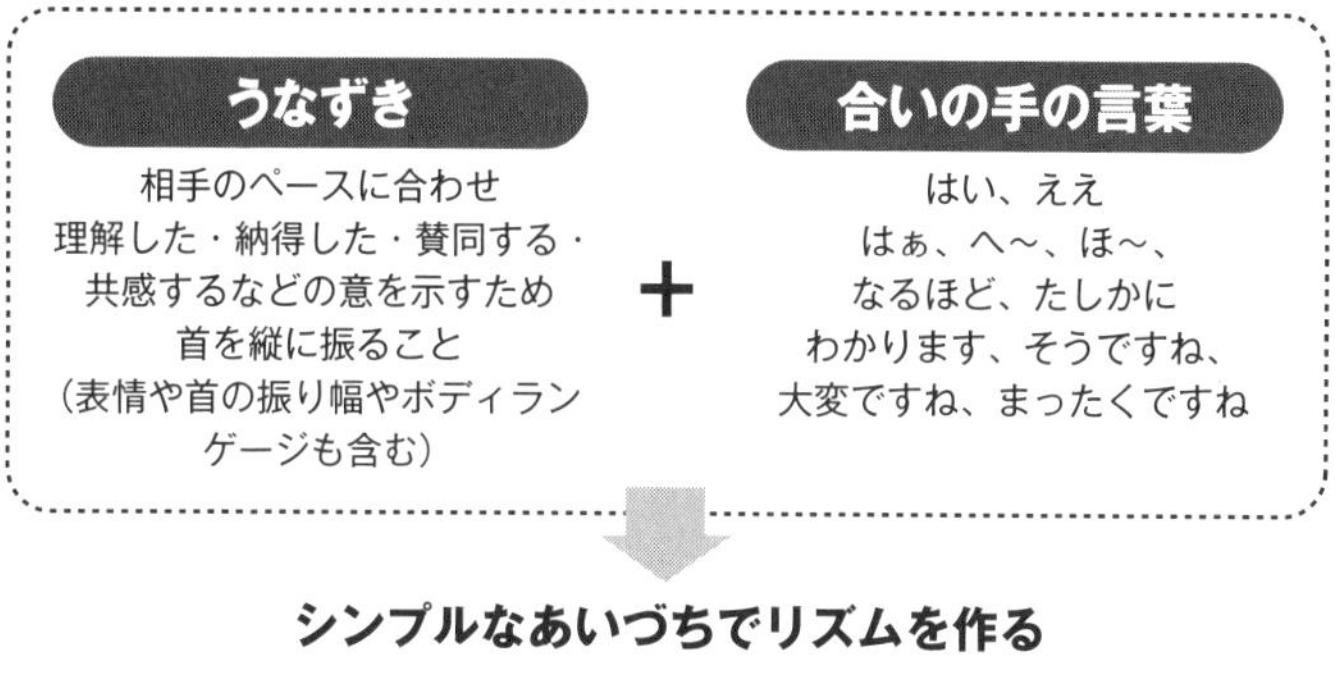
うなずき
相手のペースに合わせ
理解した・納得した・賛同する・
共感するなどの意を示すため
首を縦に振ること
（表情や首の振り幅やボディランゲージも含む）
＋
合いの手の言葉
はい、ええ
はぁ、へ～、ほ～、
なるほど、たしかに
わかります、そうですね、
大変ですね、まったくですね
シンプルなあいづちでリズムを作る

変わります。うまく合いの手を入れれば、漫才の掛け合いのようにリズミカルにコミュニケーションが進み、相手は心地よくなり、自分でも想像してなかった話までしてしまいます。

相手の話に応じて、「はぁ〜」「へぇ〜」「ほ〜」「なるほどですねぇ！」などと、良いタイミングであいづちを入れていくのです。

ここで意識すべきは、**一本調子で単調なあいづちにならないこと**です。「へぇ〜」を単調な一定のリズムで繰り返していると、相手は真剣に聞いていないのではないかと誤解してしまうこともあるので、注意が必要です。

誤解を生まないためにも、リズムの良さだけでなく、あいづちのバリエーションも意識してください。リズミカルでバリエーション豊富なあいづちを入れることで、話しやすい関係になり、相手の信頼を獲得できるようになっていきます。

■あいづち ＋α でペースを作る

あいづち ＋ 同意　で会話のリズムを作る

「なるほど」「わかります」「同感です」など、
相手に同意を示すことで会話のリズムを作る。

あいづち ＋ 反復　で相手の満足を生み出す

相手の言葉を反復することで、
話し手の満足度を上げていく。いわゆる「オウム返し」。

賢い反応で会話のペースを作ろう

■「＋α」でコミュニケーションを活性化

ビジネスコミュニケーションを活性化していくために、あいづちだけでやめてはもったいない話です。さらに、「＋α」を入れることで、能動的な反応を伝えることができます。

あいづちに、**「共感」「感動」「感想」「主張」「疑問」などを能動的にプラス**してみることで、相手の発信する内容をある程度、誘導していくことも可能です。

例えば、「この間こんな大変な出来事があったのですよ」と相手が話してくれたら、間髪を入れずに「それは大変でしたねぇ」と「あいづち ＋ 共感」のひとことをプラスします。すると相手は、共感してもらえたと受けとめ、より詳細な内容を共有してくれたり、過去の同じような事例を教えてくれたりと、さらに会話が発展していくこともあります。

■あいづち ＋α で会話を加速させる

あいづち ＋ 促進　で相手の考えを引き出す

「それで」「それからどうなったのですか」「と、おっしゃいますと」
など、話を進めて相手の考えをより理解する。

あいづち ＋ 要約　で話のポイントを明確にする

「つまり、こういうことですね」「ということは、○○ということですね」
など、話を要約しポイントを明確にする。

賢い反応で会話のキャッチボールをスピードアップ

確認を入れながら一歩踏み込んで聞く

「あいづち ＋ 確認」で相互理解を促進しながら聞く

■単調な繰り返しを避ける

確認作業を毎回入れることで、相互理解を促進しながら賢く聞くことができます。確認の入れ方で有名なのがオウム返しです。相手の発信するメッセージを逐次オウムのように繰り返し反応することを言います。

例えば、「私は大阪出身です」に対して、「大阪のご出身なのですね」といった具合です。相手言葉を繰り返すことで確認作業になり、それが、相手に対して「受け取りました」という聞き手からのメッセージとなります。

■あいづち ＋α で気持ちを掴む

あいづち ＋ 共感　で相手の感情を推察する

「それは大変でしたねぇ」「嬉しかったですねぇ」「それはつらかったでしょう」など、相手の感情に寄り添い心理的な距離を縮める。

あいづち ＋ 主張　で自分の気持ちを伝える

「良かったですねぇ」「すごいです」「さすがです」など、相手の言葉に反応して、自分の気持ちを自分の言葉で素直に伝える。

賢い反応で、感情レベルのキャッチボールをする

ただ、すべてのメッセージにオウム返しをしているだけでは、賢い「聞き方」にはなりません。単調な聞き方は、相手を不快にしてしまいます。

そこで、オウム返しより一歩進んだ確認方法にも挑戦していきましょう。「私は大阪出身です」に対して、「へ～関西の方だったのですね」というふうに、**一歩踏み込んだ確認作業をすること**で会話はよりスムーズになります。

■疑問形式の確認で一歩踏み込む

一歩踏み込んだ確認作業において、相手の言葉を言い換えるだけでは、話がそれてしまったり、相手に違和感を抱かせてしまったりすることがあります。そんな場合は、**疑問形式の確認**をやってみてください。

相手の発信に対し、「○○○ということですね？」「□□□と考えてよろしいですか？」など、疑問形式の確認を入れることで、さらに一歩踏み込んだ確認作業となります。

■あいづち ＋α で信頼関係を強固にする

あいづち ＋ 情報　で相手の信頼を獲得する

相手の話に、共感や同意したうえで、
自分の理解している関連「情報」をプラスし、相手の信頼を獲得する。

あいづち ＋ 質問　で会話を深め展開する

同意や反復に加えて、話を深めたり、広げたりするための質問を
投げかけることで、会話の生産性を高める。

賢い反応で、強固な対人関係を作る

同時に、相手の話をより理解したいという姿勢も伝えられます。

常にニュートラルな「聞き方」で確認する

確認作業を行う狙いは、相互理解の促進です。その目的を踏まえたうえで留意したいのは、**1を聞いて10を知ったかのような確認をしてはいけない**ということです。

例えば、相手の話が、業務上よく知るジャンルだったりすると、早合点して話の途中で「それ知ってますよ」などと口を挟んでしまう、といったことです。

また、ことさら大げさな確認をするのも御法度です。大げさすぎる反応は、相手に「この人、ちゃんと話を聞いてくれているのかな?」という疑念を抱かせてしまうことになるからです。

相互理解のためには、相手視点での確認作業を常に意識して、ニュートラルな「聞き方」を実践してください。

■あいづち ＋ α で自己表現する

あいづち ＋ 感謝

「ありがとうございます」「助かります」「恐縮です」など。

あいづち ＋ 詫び

「すみません」「申し訳ありません」「失礼しました」など。

あいづち ＋ 依頼

「恐れ入りますが」「お手数おかけしますが」など。

あいづち ＋ 断り

「申し訳ございませんが」「せっかくですが」「残念ですが」など。

あいづち ＋ 意見

「お言葉を返すようですが」「私の聞き間違いかもしれませんが」など。

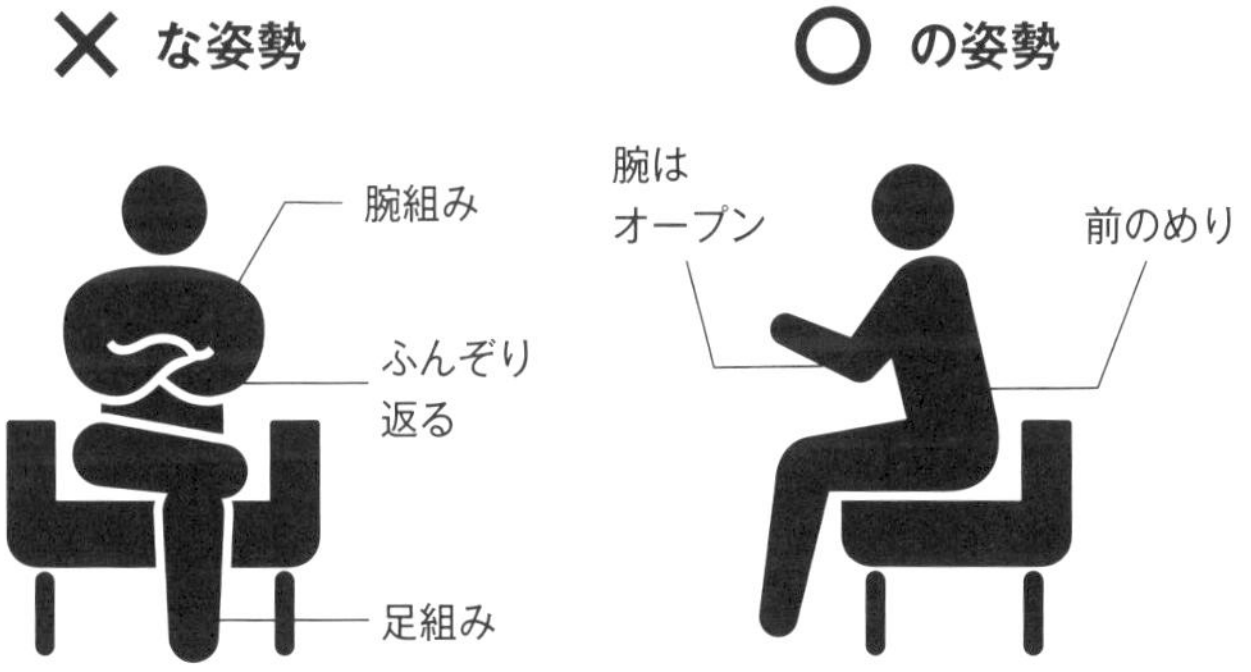

腕組みや足組みは拒絶のポーズ

自己開示を入れて聞く

自分関連の情報をメッセージに入れて賢く聞く

■自分からオープンになれば相手もオープンになる

自己開示とは、自分についての主観的な世界や自分に関係する情報を相手に伝えることをいいます。「自己開示の返報性」という法則があり、自己開示を受けた相手は、受け取った情報量と同程度の自己開示を返すというものです。

意識的に自己開示を入れながら反応することで、相手からの自己開示を期待します。例えば、相手の発信に対して、「へ～すごいですねぇ。私も同じ経験をしていますが、そこまでできませんでしたから」というように、反応を返す

■与えればお返しがある返報性の法則

返報性の原理　他人から何らかの施しを受けた場合に、お返しをしなければならないと思う心理のこと。

好意の返報性　好意を伝えれば相手がそれに応えて好意を抱くというもの。

こちらが自己開示するから、相手も自己開示してくれる！

際に、**個人的な情報を載せて正直に伝える反応をすること**です。自己開示には、ポジティブもネガティブもありません。ありのままの自分を素直に表現するのが、最良の道なのです。

■意思を伝える「Ｉメッセージ」

聞き手として反応を返す時、「私」を主語にした**「Ｉメッセージ」**を使うことで、自分の意思を相手に伝えることができます。「私もそう思います」「私はこう考えます」というように、自分事のメッセージとして返し、自分の考えを伝えていくということです。

気をつけたいのは、無意識の他人事反応です。「皆そう思っているはずです」「普通はこう考えます」といった評論家的な反応は信頼を失うので十分気をつけましょう。

Ｉメッセージを伝える時は、まず「あなたはこう思うのですね」と**「Ｙｏｕメッセージ」でいったん相手を受け入**

■事前の自分整理で自己開示しやすくする

仕事をするうえで相手にも知っておいてほしい
「自分」を事前に整理しておく

↓

【整理すべきこと】

- 自分の得意分野（強み）・不得意分野（弱み）
- 今の仕事をするようになった理由
- 一緒に仕事をするとどんなメリットがあるか？

自己開示で相手に安心感を届ける

れ、その後、Ｉメッセージで自分との考えの差などを伝えると、よりスムーズです。

■一体感を生み出す「Ｗｅメッセージ」

強力な一体感を生み出す反応メッセージに**「Ｗｅメッセージ」**があります。Ｗｅメッセージとは、「私たち」「我々」を主語にした反応で、相手との一体感を自然に生み出すことができます。

例えば、「難しい状況になってしまいました」という言葉に反応して、「なるほど、私たちにとって新しいチャレンジですね」「我々なら必ず達成できますよ」などとＷｅメッセージを返すことで、対人関係を強固にする反応を伝えられます。

「一緒にやりましょう」「やり切りましょう」というポジティブなメッセージで反応し、相手との関係を一瞬で変えること、これぞ、賢い「聞き方」の醍醐味です。

■反応メッセージを工夫し賢い聞き手になる

Iメッセージ

「私も、見習いたい」「私は、とても勇気づけられました」「私も、頑張りたい」などのように、メッセージの主体が「私」となるメッセージのこと。
You メッセージの後に、I メッセージを付加すると自分の意思を効果的に伝えるメッセージとなります。「(あなたは) 頑張ってますねぇ。私ももっと頑張ります」。

Youメッセージ

「あなたは、すごい」「あなたは、素晴らしい」「あなたは、よくやっている」などのようにメッセージの主体が「あなた」となるメッセージのこと。主語が省略されることも多い。

Weメッセージ

「私たちのプロジェクトにとって正念場ですね」「我々の努力が認められましたね」などのように、メッセージの主体が「私たち」となるメッセージのこと。相手や関係者へ働きかける強力なメッセージになる。

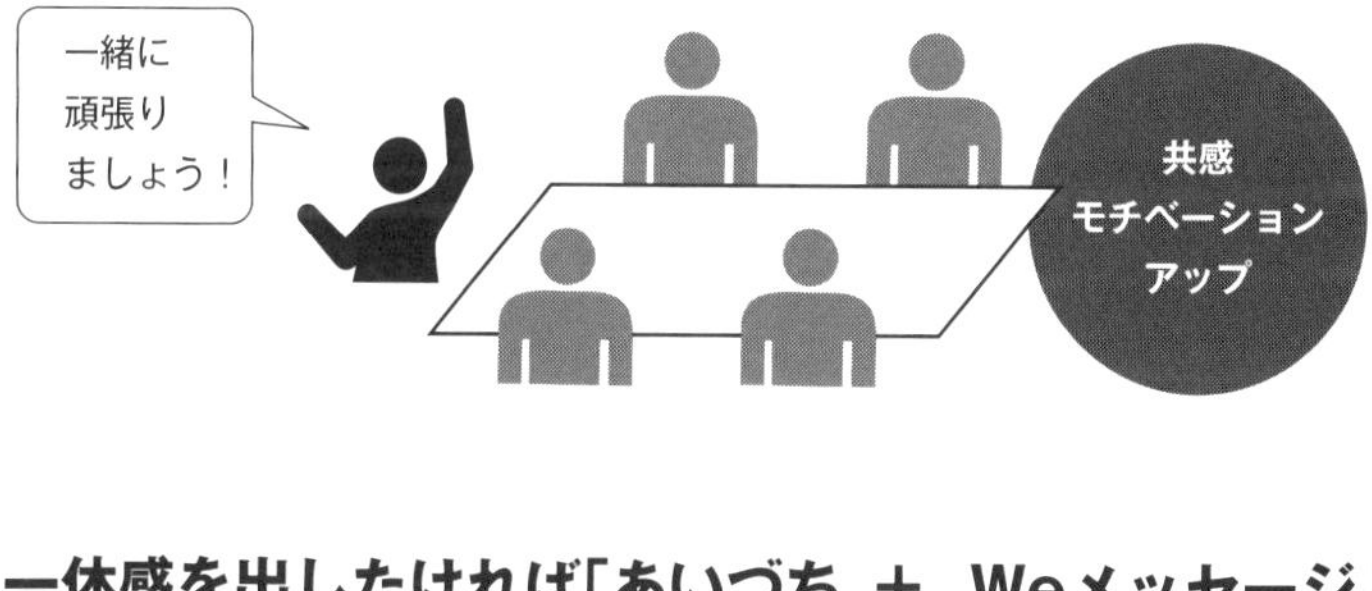

一体感を出したければ「あいづち ＋ Weメッセージ」

「記録」と「記憶」を区別して聞く

両者の違いを意識して賢く聞く

■**良い「記憶」として残す意識を持って反応する**

賢い「聞き方」の実践では、「記憶」と「記録」の違いを意識した対人コミュニケーション活動の実践が必要です。**「記憶に残る反応」とは、相手の記憶に印象深く残ることを意識した反応**です。

例えば、あなたの記憶に今でも残っている接客サービスとはどんなものでしょうか？　すごく感動的なサービスを受けた時か、または、大きく期待を外れた残念なサービスを受けた時ではないですか？

■**「記憶」と「記録」はいずれも大事**

記録より記憶	記憶より記録
●コミュニケーションの場面全般で相手に好印象を残す	●一度聞いた話を忘れないためのメモ力
●反応レベルを上げて相手の記憶に残す	●できるビジネスパーソンは、メモする力が高い
●積極的な聞き手になる	●忘れないように振り返る

相手の「記憶」に残るビジネスコミュニケーションを目指そう

つまり、記憶に残るということは、その人にとって標準的でない、ある意味、極端なケースとして記憶に留めているということです。もちろん、ネガティブな記憶として残りたくはありませんから、圧倒的に良い記憶に残る反応を示すべきです。

■「記録」できちんと聞いていることをアピール

「記録に残す反応」も大事です。「人は忘れるもの」という前提に則り、相手からのメッセージをしっかりと押さえておくことです。良い反応をする聞き手であっても、まったく記録を取っていなければ、相手は「ホントに聞いているのだろうか？」と疑いたくなるものでしょう。

最近は、聞きながらパソコンに打ち込み記録している人がいますが、賢い「聞き方」では推奨していません。相手から見れば、カチャカチャとキーボードを打ちながら聞かれたら、話しにくさ満点ですからね。

■「エピソード記憶」に残る反応を意識する

記憶を意識した賢い「聞き方」の実践においては、記憶のタイプを把握したうえで、相手の記憶に残る反応を心掛けたいものです。

記憶には、短期的に保持される「短期記憶」、永続的に保持される「長期記憶」、そして、出来事や事象の感情などとともに保持される**「エピソード記憶」**があります。

賢い「聞き方」では、積極的に相手のエピソード記憶に残るような反応を返すことを狙います。

相手の記憶に残るのは簡単なことではありません。なんの印象にも残らない名刺交換などは短期記憶レベルで、すぐに忘れられてしまいます。

そこで、長期に保存されるエピソード記憶として相手の頭に残し信頼を末永いものにするためにも、反応を工夫していきます。例えば、「○○さん」と名前を呼ぶ時に、

■ビジネスで重要なエピソード記憶

短期記憶	長期記憶	エピソード記憶
一度に記憶できる容量は、たったの「7つ前後(7±2)」。保てる時間は非常に短く、数秒から数十秒。	反復したり、繰り返したりすることで、長期に残る記憶。	時間や場所、その時の気持ちや感情などを伴った記憶のこと。長期保存ができる。

賢い「聞き方」で相手のエピソード記憶に残る工夫をする

ニックネームやあだ名で反応したり、「いつも熱い◯◯さん」などと形容詞をつけたりしながら、相手のエピソード記憶に訴えかけるなどが有効です。

■現場での記録は最小限に留める

記録を意識した賢い「聞き方」の実践においては、相手が発したメッセージは、絶対に逃さないようにすることです。

まずは、メモやノートを取ることが重要ですが、ついつい書くことに専念してしまい、相手の表情や反応が目に入らなくなってしまいがちです。

一字一句を記録するのではなく、最小限の内容を書きとめるだけにして聞きましょう。そして、打ち合わせの後、ノートを整理したり、議事録を書いたり、お礼メールをしたためたりして、短期記憶を長期記憶に変換しておきましょう。

COLUMN 4 対人に強くなるトレーニング

■ お店での接客でトレーニング

対人に強くなるトレーニングとしてお薦めしたいのが、「積極的な質問」を意識的にやってみることです。

例えば、商店や飲食店を、対人に強くなるトレーニングの場として活用する場合は以下のように聞いてみます。

「このお店の一番人気といったらなんですか？」「このお店で一番か変わったメニューはなんですか？」「あなたが一番気に入っているメニューってなんですか？」「他店にはない、このお店ならではのものといったらなんですか？」など。接客してくれるスタッフを相手に、対話の練習をさせてもらうのです。

■ 心地よい対応を相手にできることを目指す

以上のように練習してみると、相手の答え方ひとつで、自分の気持ちが変化するのがわかると思います。

相手は仕事ですから、あなたの質問をないがしろにはしません。もちろん、混雑時にあまり引き留めては迷惑になるので、配慮は必要です。

さらに場所を変えて、ホテルのラウンジや人気店と言われるようなお店に行って同じような質問をしてみてください。高いお店だからといって、良い対応をしてくれるとは限りません。その対応の違いからも、賢い「聞き方」の実践のヒントが得られるでしょう。練習し、自分が心地よい対応を相手にできるようになるのが目標です。

第5章

賢い「聞き方」の実践 II
深掘り力を鍛える

相手の発信情報を付加価値の高い
インプットに変化させる

深掘り質問で短時間に高い成果を上げる

相手の発信を深掘りする癖を身に付けよう

■相手の発信は貴重な端緒

相手の発信情報に対して、さらっと流してしまうビジネスパーソンがいますが、とてももったいない行為です。こんなことを聞いたら、関係ないと怒られるのではないかなどと気後れし、遠慮していては、せっかくのチャンスを逃してしまいます。相手が発信してくれるストロークは、すべて貴重な情報源であることを忘れてはいけません。

賢い「聞き方」の実践では、**相手の1つの発信情報を端緒に、より深く、より広く、上質なインプットに繋がるよ**

■深掘り質問で「点」の情報から「立体」へ

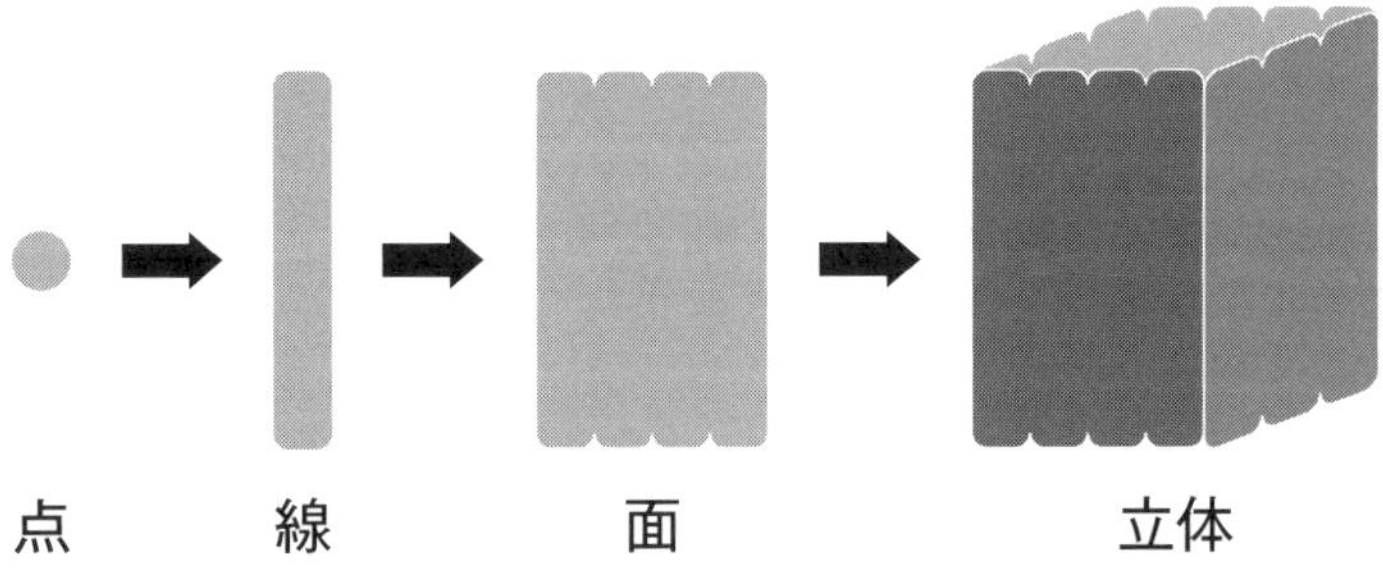

1つの情報を端緒に、価値ある情報の塊を作る

う、「深掘り質問」をします。深掘り質問とは、1つの情報を「点」から「線」、「線」から「面」、「面」から「立体」へと進化させていくことです。

ビジネスコミュニケーションでは、限られた時間の中で、いかに高い成果を上げることができるかが問われるので、深掘り質問のスキルはとても重要なのです。

■タテに深掘りする

深掘り質問は、1つの発信情報に対して、**素早くタテ・タテに掘り下げていく「聞き方」**です。

例えば、「大阪出身です」という個人情報が発信されたら「大阪はどちらの出身ですか?」「私は○○市に行ったことがないのですが、どんなところですか?」「○○には何歳までいらっしゃったのです?」「○○市はどんなところですか?」「○○市は何が有名なのですか?」などと聞いていきます。1つの情報に対して、限られた時間の中で、

■タテに聞いて素早く掘り下げ

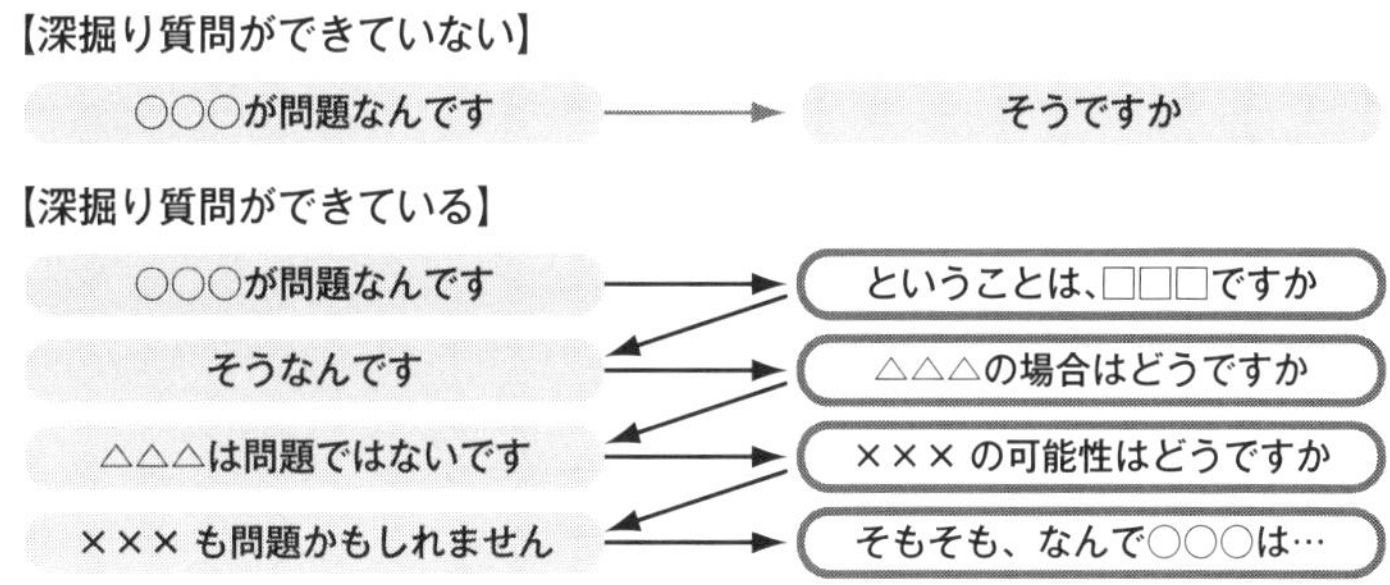
【深掘り質問ができていない】
○○○が問題なんです
そうですか
【深掘り質問ができている】
○○○が問題なんです
ということは、□□□ですか
そうなんです
△△△の場合はどうですか
△△△は問題ではないです
××× の可能性はどうですか
××× も問題かもしれません
そもそも、なんで○○○は…

可能な限り関連する情報をタテに聞き、掘っていくのです。

■深掘りで次に繋がる情報を得る

深掘り質問を矢継ぎ早に投げかけていくと、なぜそんなことを聞くのかと、不思議な顔をする人もいるかもしれません。

しかし、あえてそこは気にせず、もっと相手のことを知りたいという素直な気持ちで、相手に関わる情報に興味を持ち、より深く聞こうとすることが深掘り質問でのポイントです。

最初は相手が変な顔をしていても、自分に関わる質問であれば、気持ち良く答えてくれるものです。

深掘り質問により、相手に関わる情報を深掘りすることで、関連情報を一気に取得できます。さらに、得た情報を、次に会った時のヒアリングの質を向上させるのに利用したり、次回の準備の素材に使ったりすることも可能です。**深**

掘り質問で得られた情報そのものが、次の行動へのインプットとなっていきます。

■「T字型」から「V字型」ビジネスパーソンへ

相手の発信情報を1つの端緒に、タテに掘り下げ深掘りしていくことであなたは、「T字型」ビジネスパーソンから「V字型」ビジネスパーソンへと進化するでしょう。

T字型ビジネスパーソンとは、アルファベットの「T」の形のように、広くいろいろなことを知っていて、なおかつ1つのことに深く精通している人を例えてそう呼んでいます。

そして、1つのことに精通し、その情報を端緒に興味・関心を周辺にも広げていける人のことを、「V」のアルファベットの形から連想して、**V字型ビジネスパーソン**と呼びます。深掘り質問を自在に使いこなせる、V字型ビジネスパーソンを目指していきましょう。

■V字型のビジネスパーソンを目指そう

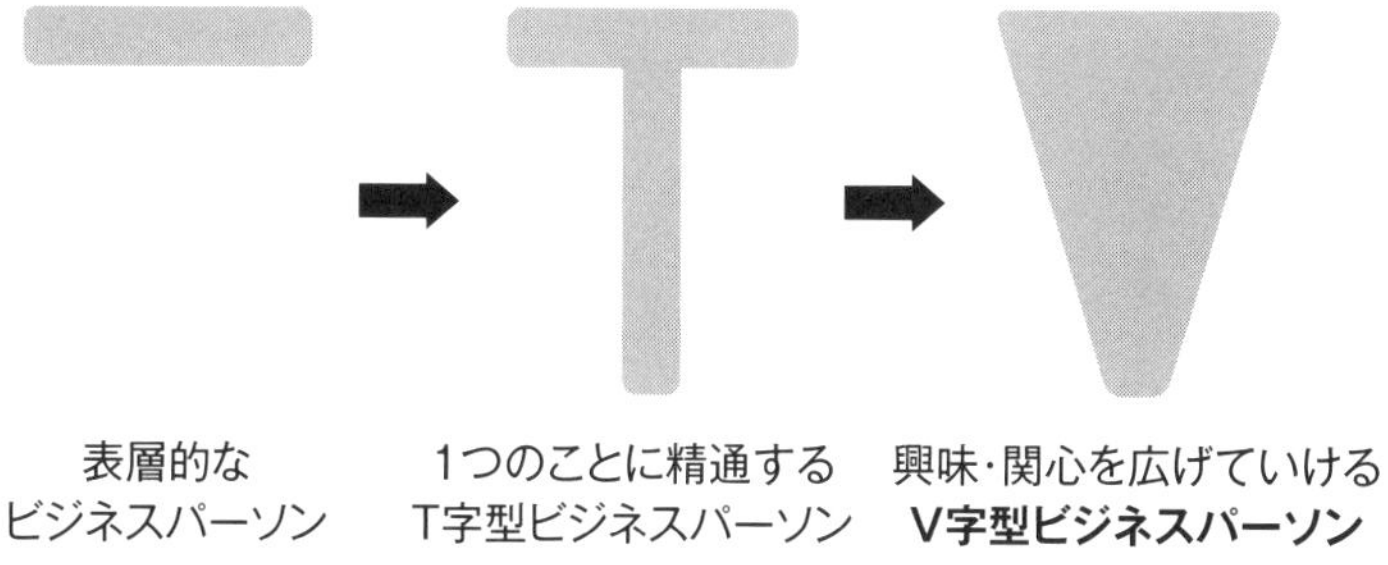

賢い「聞き方」で、自分自身の知識をレベルアップする

「2つの問い」で真意を聞く

「なんで？」で目的、「どうして？」で動機を探る

■相手の真意を聞きたいという意図を持つのが聞き上手

「聞き上手は、質問上手」と私はよく言います。聞き上手は、ただ受け身で聞いているだけではなく、積極的に良い質問を投げかけられるスキルがあるという意味です。

賢い「聞き方」の実践においても、質問上手になれるかは、とても大切です。質問することは難しくはありませんが、意図が不明確な質問をしてしまうと、相手に「稚拙だなぁ」と思われ、あなたの評価が下がってしまう可能性もあるので注意が必要です。

■質問上手の2つの土台を身に付けよう

拡大質問（オープン）

答えが定まっていない質問。
相手の考えを聞くことができ、様々な情報収集ができる。
「なぜ」「どうして」「何が」「どのように」など。

特定質問（クローズ）

答えを１つに定める質問。
Yes か No、または短い言葉で答えることができる質問。
「好きですか嫌いですか？」「やりますかやりませんか？」など。

拡大質問で考えさせ、特定質問で決めさせる

質問上手になるためには、まず相手の真意を聞きたい、掴みたい、という意図を持つことが大切です。

例えば、富士山に登ったという人に対して、「なんのために登ったのですか?」「どうして登ろうと思ったんですか?」など、登山の理由や真の目的・動機を確認するための質問こそ、質問上手の質問です。

■「なんで?」「どうして?」で単刀直入に真意を探る

相手の真意を尋ねるという明確な意図を持って行う質問は、パワフルな質問です。中でも、もっとも賢い質問とされるのが、**「なんで?」「どうして?」**です。相手が捉えている状況や感じている課題などについて、真意を単刀直入に伺うことができる最強の質問だからです。

例えば、相手が「もっと身体を鍛えたい」と言ったとします。ここで「なんで?」「どうして?」と質問することにより、身体を鍛える目的や動機、背景、抱えている課題

■時間軸での質問で経緯や目標を聞く

過去質問

過去形が含まれる質問。
現状までのストーリーを知ることができる。拡大質問・特定質問と併せて活用する。「これまでどうだったのですか？」「これまではやったのですか？」など。

未来質問

未来形が含まれる質問。
今後の方向性、目的や目標への考えを知ることができる。拡大質問・特定質問と併せて活用する。「これからどうしますか？」「これからやりますか？」など。

過去質問で振り返り、未来質問で夢を聞く

など、真意を伺うことができます。

「最近運動不足だから」「体重が増えたから」「もうすぐ夏で海に行くから」「ボディビルの大会に出たいから」など、理由や動機によって、相手の行動の意味は大きく変わってきます。

相手の言葉に敏感に反応して、その真意を伺う賢い質問を忘れずに実践しましょう。

■目的により質問を使い分けて導く

質問には、いくつかの種類があります。質問の仕方の一番の基礎・土台となるのは**「拡大質問」**と**「特定質問」**の2つです（106ページ下欄参照）。

拡大質問は「オープン質問」とも呼ばれるもので、「最近調子はどうですか？」など、答えが決まっていない質問の仕方です。

一方、特定質問は「クローズド質問」とも呼ばれ、「最

■肯定と否定を使い分けて聞き出す

肯定質問	**否定形が含まれない質問。** 「……ない」という否定が入らない肯定的な質問で、相手に自ら前向きに考えてもらうことができる。「どうしたらもっとうまくいく？」「これをもっと良くするためにどうする？」など。
否定質問	**否定形が含まれる質問。** 「……ない」という否定が入る質問で、相手は責められている、欠点を指摘されているように感じることもある。「どうしてこうなったのですか？」「これがダメならどうする？」など。

「肯定」質問で寄り添い、「否定」質問で距離を置く

近調子は良いですか？」など、Ｙｅｓ／Ｎｏで答えるような質問です。

相手の考えを広げていって、自由に話してもらいたい時は拡大質問、相手の考えを絞っていき、明確に方向性を決めたい時は特定質問をしていきます。

■質問のバリエーションを覚えて使いこなす

賢い「聞き方」では、様々な質問を使いこなして深掘りを実施していきます。

代表的な質問の種類としては、先の２種類（拡大質問、特定質問）以外に、**「過去質問」「未来質問」「肯定質問」「否定質問」「直接質問」「間接質問」**があります。これらの質問を組み合わせながら、能動的に相手の真意を確認したり、ニーズを掴んだりしていきます。深掘り質問のバリエーションとして、理解をしておきましょう（１０７～１０９ページ下欄参照）。

■シーンに応じて直球と変化球を投げ分ける

直接質問
直接的に情報を求める質問。
「いつ」「どのくらい」といったダイレクトに相手の答えを聞く質問。「社会人何年目、何歳ですか？」「予算はどのくらい？」「いつまでに必要ですか？」など。

間接質問
間接的に情報を求める質問。
直接聞きにくい情報を求める時、間接的に聞く質問。「どんなキャリアですか？」「見積もりに必須の条件って何かありますか？」

直接質問は直球、間接質問は変化球

「主観」と「客観」を区別して聞く

曖昧さをなくすために、相手の発信を整理しながら聞く

■だらだらと聞かない

賢い「聞き方」は、あくまでビジネスシーンでの対人関係を強固にするために行うものです。そのため、日常の何気ない会話とは違い、だらだらと話さないことを良しとしています。相手の話を、何から何まで聞くのが賢い「聞き方」だと勘違いしてはいけません。

また、聞き上手になってしまうと、相手の話が終わらなくなってしまうなどと危惧する人もいますが、その心配はありません。

■主観は個人の見方、客観は第三者的な見方

主観		客観
【心象面】	→	【心象面】
感情や気持ち		論理的な見解
【現象面】	→	【現象面】
イメージ　想像や憶測		客観的な事実

区別することで誤解を防ぐ

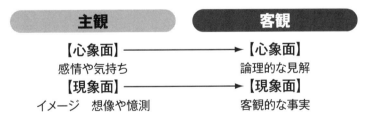

だらだら聞かないために、理解しておきたいのが、「主観」と「客観」を意識的に区別することです。主観とは、その人個人の見方や捉え方のこと。客観とは、第三者の立場に立った考え方のことです。

感情や気持ちなどの**「主観的な心象」**は**「論理的な見解」に置き換え**て客観視できるようにし、イメージや想像といった**「主観的な現象**（今起きていることを相手がどう捉えているか）**」については「客観的な事実」に置き換え、**主観的な心象と現象の2つの視点を曖昧にせず、区別しながら聞くことで、だらだら聞かないで済むと同時に、相手との間に誤解が生まれないようにすることが大切です。

■「事実」と「考え」を区別する

賢い「聞き方」を実践するために、相手は**「事実」について話しているのか、事実に基づいた自分なりの「考え」を話しているのか、を区別すること**です。

■単なる「事実」か相手なりの「考え」かで対応は変わる

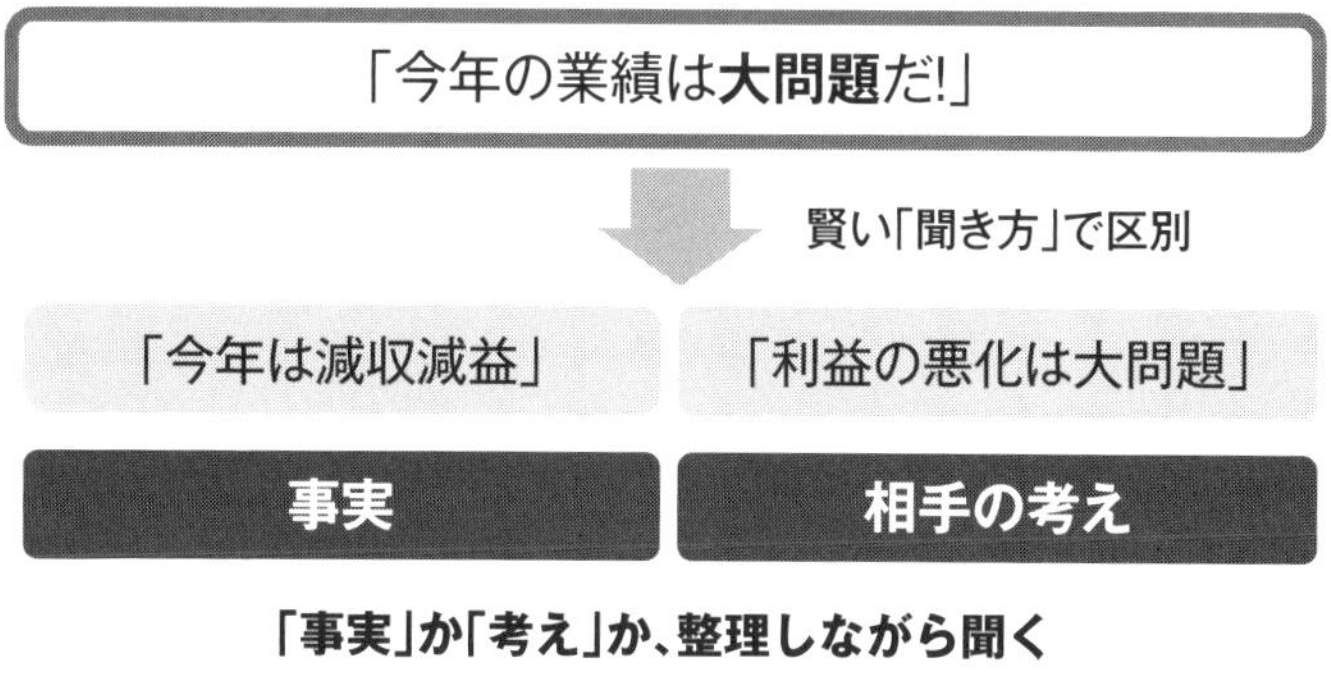
「今年の業績は大問題だ!」
賢い「聞き方」で区別
「今年は減収減益」
「利益の悪化は大問題」
事実
相手の考え
「事実」か「考え」か、整理しながら聞く

事実とは、客観的な視点に基づくものであり、誰もが疑いようのないものです。例えば、「今年の業績は増収減益でした」といったもの。

その、事実に基づいて、自分がどのように考えているかがここで言う「考え」であり、主観的な視点に基づくものです。

例えば、「利益が落ちているのは大問題だ」などというのがその人の意見や考え方ということです。減収減益の中で特に利益が落ちていることに自分なりに納得できないという感情から、「大問題」という自分の考えを発信しているわけです。

人は、事実なのか考えなのかが簡単に区別できない言い方をすることがしばしばあります。例えば、「今年の業績は、大問題だ」というように、事実と考えが混在している場合です。どんな事実に基づいて、どんな考えを持っているのか、区別しながら聞くことが重要です。

■考えの裏には「感情」がある

次に大切なのは、**考えの裏にある「感情」や「気持ち」について区別をすること**です。相手のメッセージの中に、「事実」「考え」「感情」が行間に埋もれて隠されている場合があるので、それを区別するということです。

例えば、「今年の業績は、大問題だ」と言う時、とても落ち込んだ雰囲気なのか、勇ましい感じなのかによっても、その意味は変わってきます。「今年の（収益減という＝**事実**）業績は、（利益率が低下した点が＝**考え**）大問題だ（だから先行きがとても不安だ＝**感情**）」という場合もあれば、「大問題だ（情けない成績だが、挽回するぞ＝**感情**）」という場合もあります。

相手のメッセージの中の、客観である「事実」と主観である「考え」「感情」を区別して聞きましょう。行間が読みにくい場合は、賢い質問で整理する癖をつけましょう。

■事実・考え・感情を区別して聞く

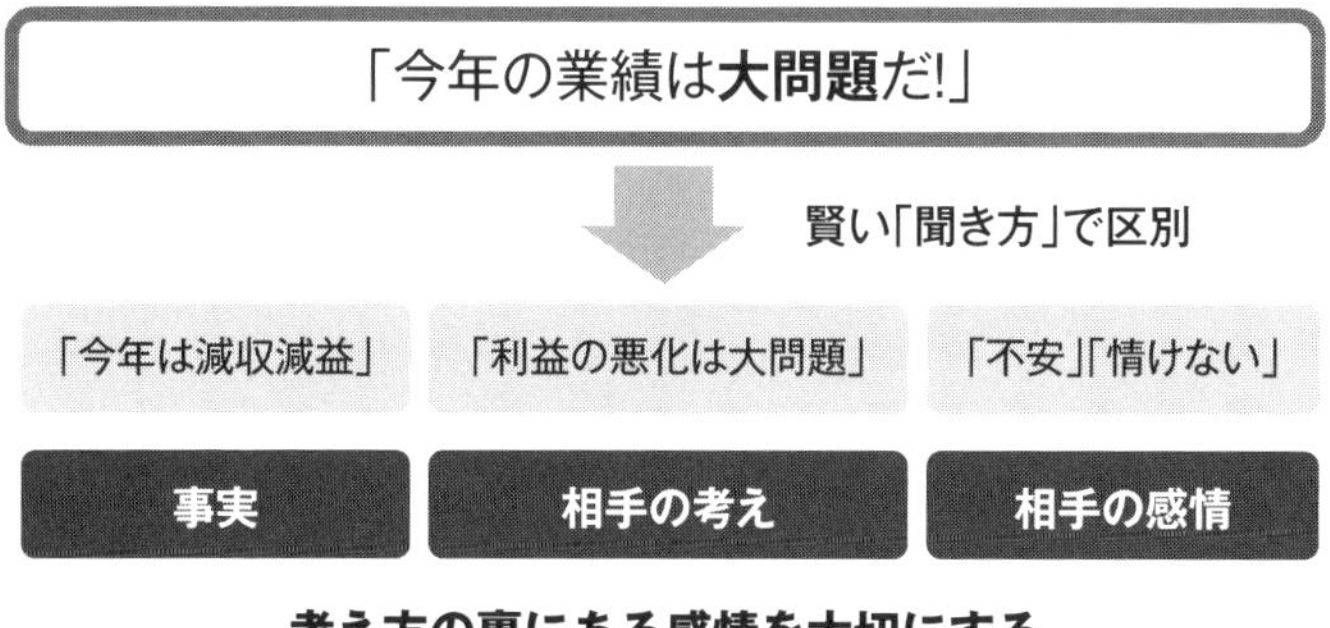

考え方の裏にある感情を大切にする

つなぎ言葉でリズム良く聞く

コミュニケーションを加速する効果的な言葉

■スムーズに深掘りする

賢い「聞き方」の実践では、つなぎ言葉の使い方ひとつで、ビジネスコミュニケーションの流れが変わることを知っておきましょう。

ひとこと足しながらあいづちを打つ時、プラスするひとことのフレーズが、流れをスムーズに加速していったり、深めたりしてくれることもあれば、反対に、流れを止めてしまったり、遮ってしまったりすることもあります。

まず注意しておきたいのは、流れをせき止めてしまうつなぎ言葉です。中でも、絶対使ってはいけないフレーズがあります。それは、相手への拒絶に繋がる**「でも」「しかし」「いや」「違うんです」といった否定語**です。無意識に使って話の腰を折ってしまうことがよくありますので、注意してください。

否定語の代わりに、**「なるほど」「たしかに」「わかります」というフレーズ**でいったん相手の言葉を受け入れ、共感や同調のフレーズを入れてから、自分の考えや意見を述べるようにしたほうがスムーズに相手に受け止めてもらえるし、さらに深掘りすることにも繋がります。

■話を加速させ、方向付けする

賢い「聞き方」を実践するうえで、相手の話を加速させたり、方向付けしたりするためのつなぎ言葉を理解して、積極的に活用していく必要があります。

①「それで？」：話を加速させる時に効果的なフレーズ

■つなぎ言葉が会話の流れを決める

【流れをスムーズにする言葉（受容語）】

なるほど　たしかに　はい　そうですね

【流れを止めてしまう言葉（否定語）】

でも　だって　いや　しかし

流れを止めずに、つなぎ言葉でリズムを作る

②**「それから?」**：話をさらに加速させる時に効果的なフレーズ

③**「たしかに」**：話に共感し次の展開へ導く時に効果的なフレーズ

④**「と、おっしゃいますと?」**：「なんで?」の代わりに、相手に理由を問う場合に使いやすいフレーズ

簡単なフレーズですが、ビジネスコミュニケーションの間に挿入することで、**話の流れの主導権を握っていくことができます。**

■流れを変えるつなぎ言葉

意図的に話の流れを変えたり、いったん止めたり、結論に導いたりする場合にも、つなぎ言葉は効果的です。

①**「ところで」**：話の方向性を転換する際に、使いやすいフレーズ

■話を加速させたい時のつなぎ言葉

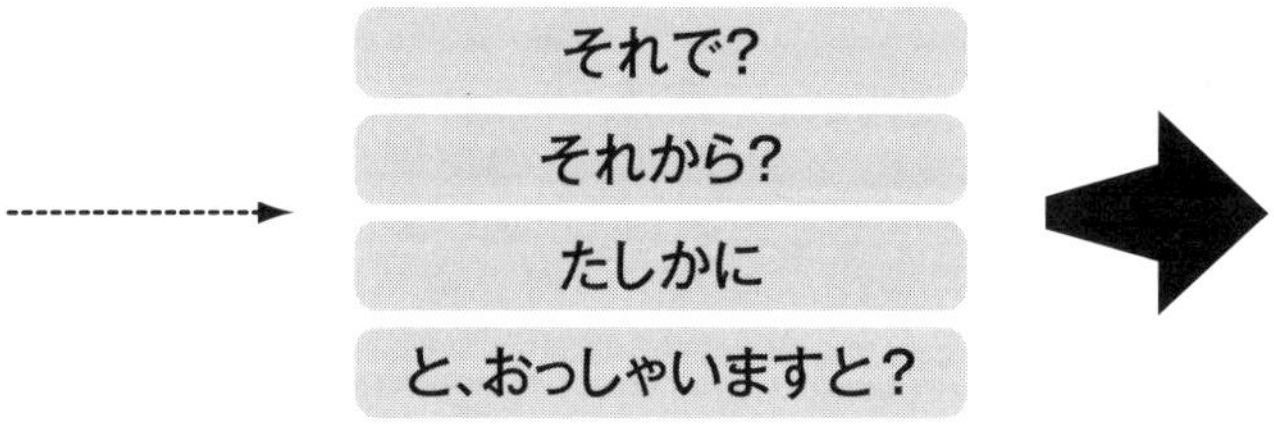
それで?
それから?
たしかに
と、おっしゃいますと?

ひとこと挟んで話をスムーズに進める

②**「さて?」**:話に節目を作って切り替える時に効果的なフレーズ

③**「そもそも」**:話が詰まってリセットする時などに使いやすいフレーズ

④**「いずれにせよ」**:「とりあえず」も同様だが、話をまとめて収束させていく時に使うと効果的なフレーズ

⑤**「……」(間を入れる)**:あえて沈黙の間を入れることで、話の収束を促す

つなぎ言葉をうまく使えば、対話や議論の流れは聞き手でもコントロールすることができるということを忘れないでください。

つなぎ言葉は、賢い「聞き方」のアクセントです。効果的に活用すれば、相手とのコミュニケーションにはリズムが生まれ、テンポが良くなり、相手の考えや情報の深掘りをすることができます。

■聞き手が流れをコントロールする一言

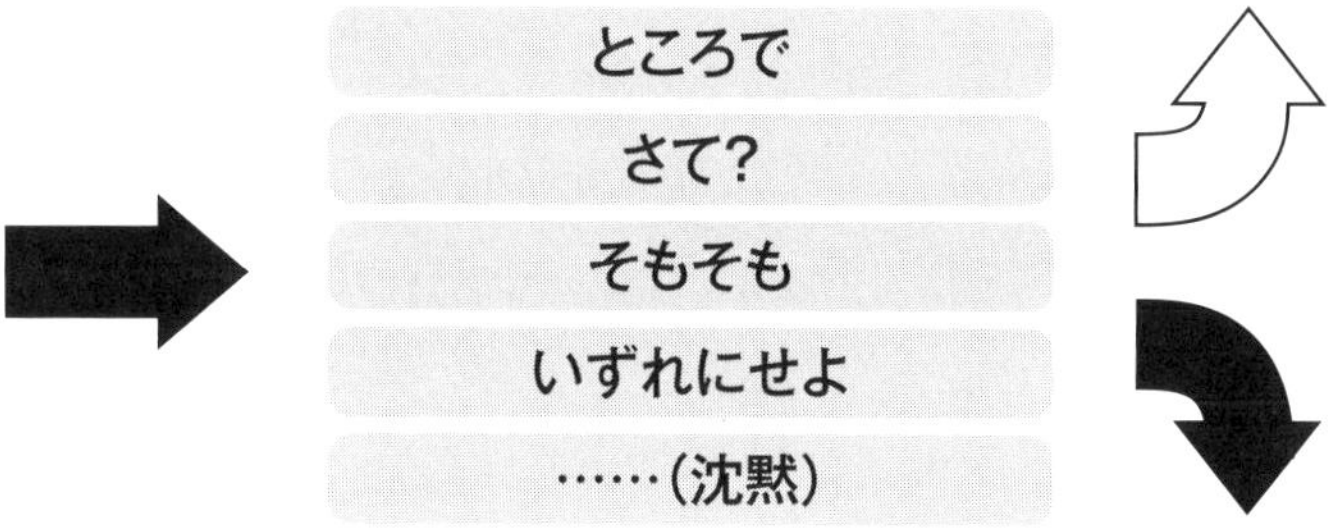

話の流れをスムーズに変えるつなぎ言葉

要約で「見える化」しながら聞く

節目を作ってその場で深掘りする力を高める

■ 要約で節目を作り、理解が正しいかを確認

賢い「聞き方」の実践では、相手から伺った話の内容は、時々要約をして、相手との相互理解を確認することが大切です。

話に夢中になりすぎると、話の内容と頭の中の考えとが合わず混乱して、何を言いたいのかわからなくなることがあります。

そこで、聞き手側から意識的に節目を作って要約、つまり、そこまでの話の**「まとめ」を伝えることで、相手の話**

と自分の理解とにズレがないことを確認します。

テレビドラマに出てくる刑事が聞き込みをしている時、相手の証言を自分の言葉に直してリピートし、再確認しているシーンなどを見たことはありませんか？　あれが、まさに要約です。

要約の目的は、あくまで話の節目であり、どのくらい理解できているかの確認です。間違っても、「要するにこういうことが言いたいんでしょ？」などと、早とちりになってはいけません。

相手の反感を買わないよう、自分の理解が不十分なところを「……って言いましたっけ？」と、あえて**疑問形の要約をして確認すると良い**でしょう。相手が反応して、さらなる深掘りに繋がっていくとより効果的です。

■フレームを使って効果的にその場で確認

相手の話をその場で整理整頓しながら聞くことで、賢い

■話を気持ち良くまとめる要約フレーズ

- ……ということですか?
- ……という理解で問題ないですか?
- ……でよろしいですか?
- つまり、……というわけですね?
- いずれにせよ、……ですね?

「聞き方」はパワーアップされます。

そのために、ビジネスにおける**フレームワーク**を活用していくことも大切です。

フレームワークとは、相互に共通して用いることができるビジネスの考え方や分析手法、戦略立案などの枠組みのことです。

①**SWOT**：強み・弱み・機会・脅威
②**4P**：商品・価格・販促・流通
③**3C**：自社・顧客・競合
④**FABE**：特徴・利点・利益・証拠
⑤**STP**：市場セグメンテーション・ターゲッティング・ポジショニング

代表的なフレームワークを挙げましたが、効果的な深掘り質問に有効なものは、まだまだたくさんあります。フレームワークを知っていれば、その場で効果的に確認することができるようになります。

■頭の中にフレームを描きながら賢く聞く

ビジネスにおいて、相手と共通して用いることができる考え方、意思決定・現状分析方法、問題解決や戦略立案などの枠組みを**フレームワーク**という。

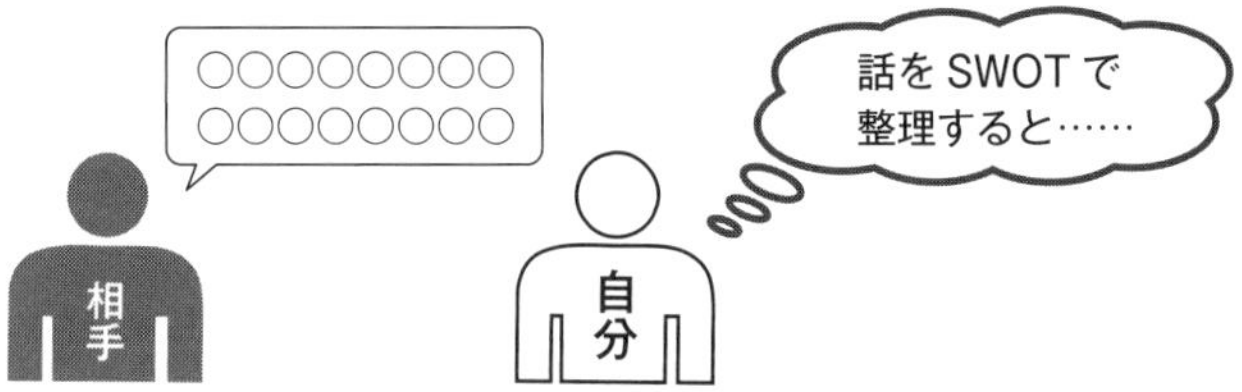

フレームワークで効果的に確認できる

■ツールを使ってその場で要約

賢い「聞き方」の実践では、その場で確認するためのビジネスツールにも注力しておきたいと思います。

相手との相互理解を促進するために、それぞれが発信した内容をその場で「見える化」させるためのホワイトボードは、ぜひ活用したいものです。ホワイトボードに板書することで、その場で瞬時に要約ができます。

1対1であれば、A4サイズの白紙やノートでもかまいません。相手との対話や議論が自由に落とし込めるツールがあるだけでも、効果的に要約ができます。

ツールがない場合でも、打ち合わせ後には「議事録」「打ち合わせ記録」などに必ず要約をまとめて相手に送付し、思い違いがないか相互に確認します。それで、お互いの理解も促進し、相手の記憶にも残るのでお勧めです。

■コミュニケーションを「見える化」する

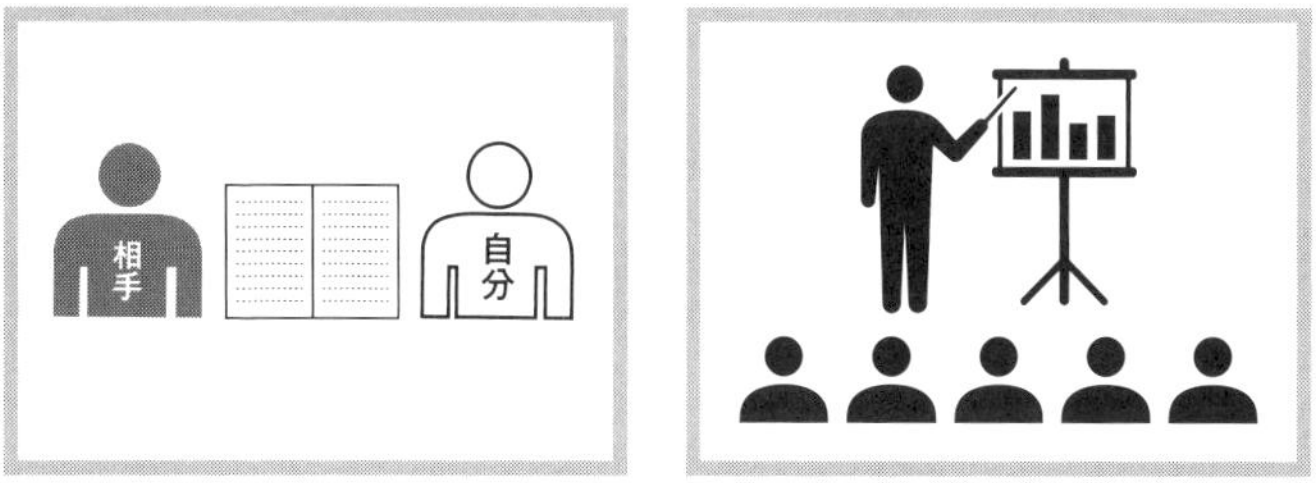

ツールを使って瞬時に要約

COLUMN 5 交渉に強くなるトレーニング

■ オレンジを半分に分けても消えない姉妹の不満

交渉とか折衝という言葉を聞くと、相手に負けないために激しいやり取りをしなくてはならないとイメージしている方も多いかもしれません。しかし、実際はそんなことはありません。

ある有名な、交渉の寓話があります。

姉妹が１つのオレンジを取り合ってケンカになっていました。そこへお母さんがやってきて、なぜケンカしているのかと尋ねたところ、２人とも相手がオレンジを譲ってくれないと言います。そこでお母さんは、オレンジを半分にして、それぞれに渡しました。ところが、２人の不満はまったく収まりません。お母さんは困ってしまいました。

■ 相手の要望をしっかり理解することで交渉は成立する

なぜ姉妹は不満だったのでしょう？　よくよく話を聞いてみると、姉は「ママレードを作りたいからオレンジの皮がほしい」と思い、妹は「甘いものが好きでオレンジの実が食べたい」と思っていたのです。

これは、ビジネスパーソンにとっても、示唆に富んだ話です。相手が望んでいることを賢い「聞き方」でしっかりと聞けていれば、こうした無用な争いをすることなく、お互いにWin-Winの関係を築いていくことができるでしょう。

相手の要望を多面的な視点で捉え、しっかり理解しておくことではじめて、交渉は成立していくのです。

第 6 章

賢い「聞き方」の実践 Ⅲ
展開力を鍛える

掴んだ情報を積極展開して、
結果に違いを創り出そう

報連相で聞いて信頼を得る

報告・連絡・相談する機会を新たなチャンスに変える

■ 報連相は信頼関係作りのチャンス

ビジネスパーソンに求められる報連相（報告・連絡・相談）は、賢い「聞き方」を展開していく絶好の機会です。

報連相は、新入社員にだけ求められるものではありません。ビジネスパーソンとしての年次が上がれば上がるほど、**より洗練された報連相が期待されるもの**です。例えば、ダラダラと言いたいことが伝わらない報告、タイミングが悪い連絡、漠然と何が言いたいのかわからない相談では、相手からの信頼を得るのは難しいでしょう。

賢い「聞き方」を実践するタイミングとして報連相を位置づけることで、関係者からの信頼獲得を確実にすることができます。ポイントを突いた報告、付加価値の高い連絡、本質的な課題の相談といった具合に、**関係者が一目置くような報連相を実践することで、ビジネスでの対人関係を強固なものにしていきます。**

義務としてこなすだけの報連相ではなく、課題やテーマを共有し、相手を巻き込んでいく、攻めの報連相にチャレンジしていきましょう。

■進捗報告で相手の反応を敏感にキャッチ

仕事の進捗や成果に関わる進展状況などを報告する機会は、報告する相手との相互理解を深めるためにも、賢く聞く必要があります。

報告の場面では、自分に指示された仕事の結果や経過について、関係者へ伝え、次のステップへのアドバイスを聞

■賢い「聞き方」実践の絶好の機会が報連相

報告	仕事の結果や進捗について、指示者（上司）や関係者へ伝えること。報告の際に相手の反応を見逃さないことで信頼関係は向上。
連絡	自分の仕事に関する事実や情報を関係者に的確かつ正しく伝えること。相手の反応を捉えれば、チームワークや連携の強化のきっかけにできる。
相談	判断に迷った時、上司や先輩・関係者に参考意見やヒントやアドバイスをもらうこと。賢い「聞き方」を鍛えるために、積極的に行う。

攻めの報連相で、相手を巻き込み成果に繋げる

き出すことが大切です。

報告の基本は、進捗に応じた「中間報告」「結果報告」「不具合報告」です。報告は、ただ進捗を伝えれば良いのではなく、当初の想定とズレがないか、環境・状況の新たな変化がないかなど、関係者との認識や理解の差を、積極的に埋めていかなくてはなりません。そのために、賢い「聞き方」を実践して、報告に対する相手の反応や考えを敏感に受信することが大切です。

特に、進捗が遅延している場合の中間報告やトラブルが発生した場合の不具合報告などは、状況を説明するだけでは不十分です。**次の展開への自分なりの意見を複数提示して、相手の反応を確認しに行く**ことが、賢い「聞き方」の展開力なのです。

■ 能動的な相談でアドバイスを聞き出す

報連相は、相手からのアドバイスを引き出す絶好のチャ

■報告プロセスで賢い「聞き方」を実践

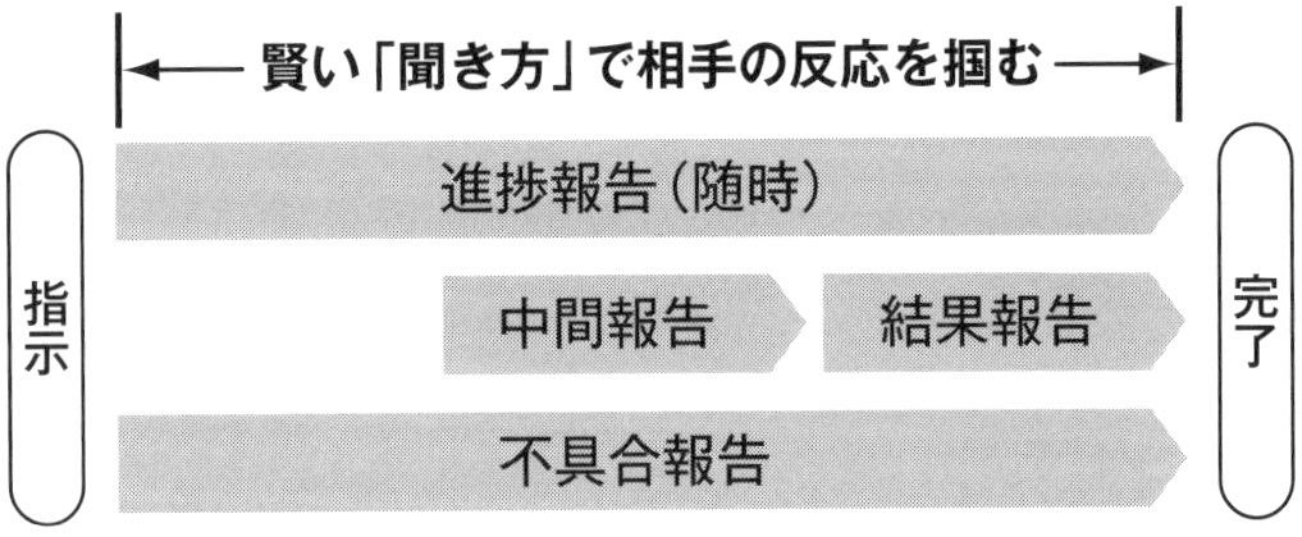

積極的に軌道修正するため、報告で賢く聞く

ンスでもあります。特に相談の場面では、関係者の知恵を借り受けるためにも積極的に行いたいものです。能動的に相談することで、**ミスや新たなトラブルを未然に防ぎ、関係者からの信頼を強固にする機会にできます。**

また、効果的な相談を実施するため、日頃のコミュニケーションも大切にしましょう。

■自分なりの仮説を持って効果的に聞く

報連相のタイミングでは、自分なりの考えやアイデアなどの「仮説」をあらかじめ準備しておくことで、相手からのアドバイスをより効果的、かつ多面的に引き出すことが可能になります。

課題や問題の解決のためには、相手が持っている可能性がある、潜在的で有益な情報を能動的に聞き出し、自分のものに展開していく力が必要になります。

■相談する意味について覚えておこう

・上司や先輩から知恵を借りたり、情報を引き出すため
・能動的な相談でミスやトラブルを未然に防ぎ、信頼向上へ
・事前準備で、自分なりの考えやアイデアを準備するため
・心底から自分が納得するため

留意点

→もらったアドバイスの活用・実践の報告も必ず実施する
→謝意を伝えることを忘れない

相談を起点に信頼関係を強固にする

「上・下」で聞いて行動をスピードアップ

話を広げて抽象化、話を狭めて具体化する

■上(＝抽象化)と下(＝具体化)を意識して聞く

「上位概念」と「下位概念」という言葉をご存じでしょうか？　上位概念とは、ある言葉が、他の言葉よりも、より一般的で、より抽象的で、より総体的な場合のこと。一方、下位概念とは、より特定的、より具体的、より個別的な場合のことを指しています。例えば、

①目的→目標→手段
②長期→中期→短期
③戦略→戦術→実践

——というように、仕事の成果は、より上位の概念や考え方によって評価されます。

①のように、仕事は手段でしかないので、上位概念である目的を理解したうえで取り組んでいるか否かで、評価に大きな違いが生まれます。何のために**（目的）**やるのか、何**（目標）**をやるのかがあってから、どのように行うのか**（手段）**が決まります。反対に、目の前の仕事に追われて大局を忘れないように、**下から上に考えてみるのも大事**です。今やっている仕事は何のためか。その目的にも、「社会のため」「会社のため」「個人のため」など様々あります。賢い「聞き方」の実践で、上・下を意識して聞いてみましょう。

■抽象的な指示では成果が出せない

ビジネスコミュニケーションでは、具体的な指示ばかりではなく、抽象的な提案や依頼をされることがよくありま

■上⇔下に聞いて自分の仕事をチェック

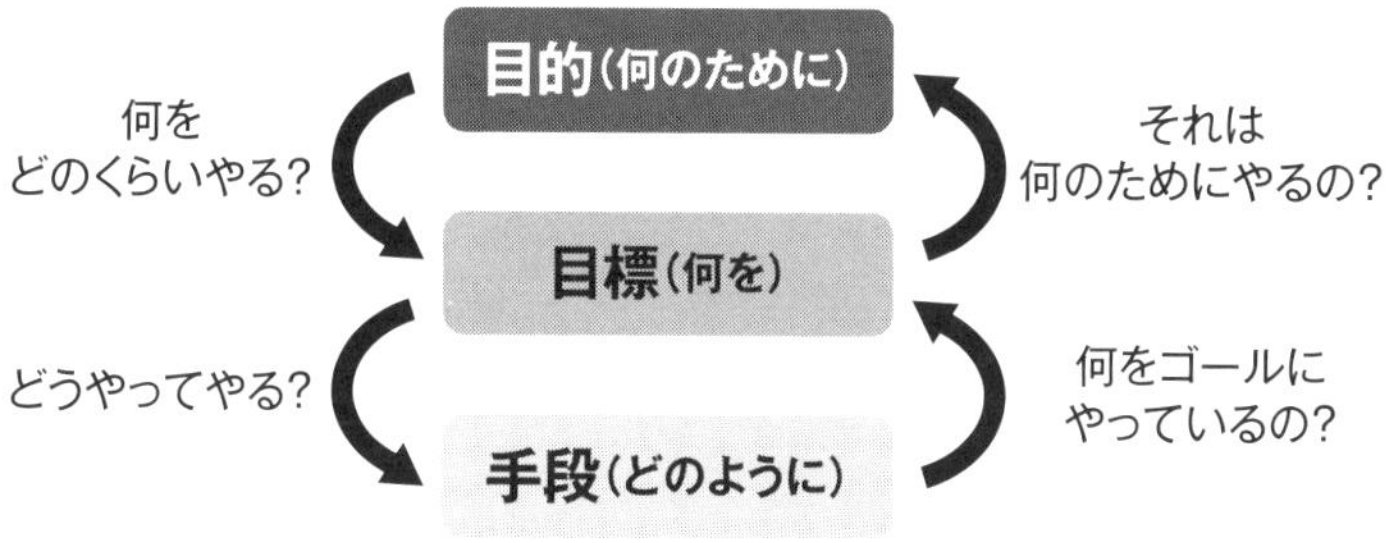

賢い「聞き方」で、上・下の展開力を身に付ける

す。抽象的な指示とは、具体的な内容ではなく上位概念に基づいただけの指示なので、そのまま理解することは難しいものです。例えば、「ワクワクする提案を頼むよ」とか、「感動する企画にしてね」などは、とても抽象度が高いリクエストです。言葉通りに受けとめるだけでは、仕事の成果を出すのは難しいでしょう。

■「展開力」で具体的な指示に置き換える

抽象的なリクエストに対しては、賢い「聞き方」を実践して、具体的なリクエストへ置き換えていく必要があります。そのために、「ワクワクとは、どんなイメージでしょうか？」「最近感動した出来事ってなんですか？」などと聞いて、相手の抱いている**抽象的なイメージの中身や基準を具体的な表現に変えていくこと**が、仕事の成果を出すための「展開力」です。

逆に、具体的すぎるリクエストに対して、その目的（上

■賢い「聞き方」で抽象・具体を橋渡し

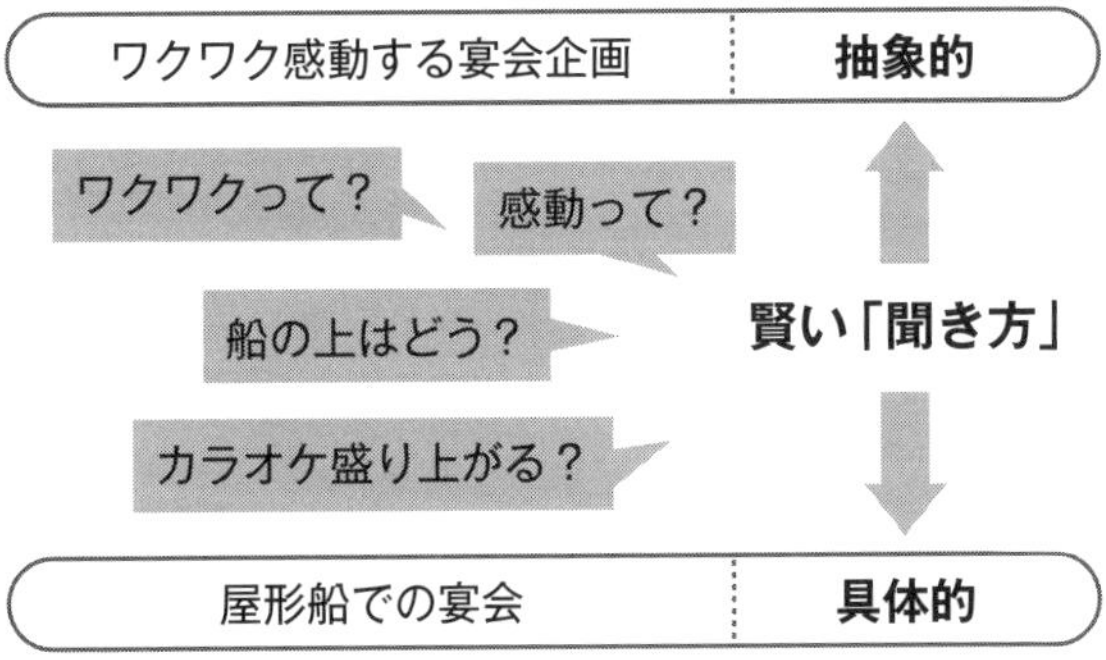

位概念）を聞き出すのも、同じく展開力を使います。

■行動を加速するために「チャンクダウン」して聞く

賢い「聞き方」の実践では、言葉の抽象度を意識的に上げ下げしていき、効果的な行動を選択できるようにします。

言葉の抽象度の上げ下げのことを「チャンクアップ・チャンクダウン」といいます。チャンクとは「塊」のことで、**抽象度を上げる時はチャンクアップ、抽象度を下げて、より具体的な表現にすることをチャンクダウン**といいます。

例えば、「優秀なビジネスパーソンになりたい！」という言葉は、抽象度が高いために、「どんなことができれば優秀なのか？」と、賢い「聞き方」でチャンクダウンをして、具体化します。

そして、具体的、かつ実践可能な行動がリストアップされたら、優先順位をつけて即行動です。上から下へとうまく聞くことで、行動スピードを上げていきましょう。

■チャンク（塊）ダウンで行動スピードを上げる

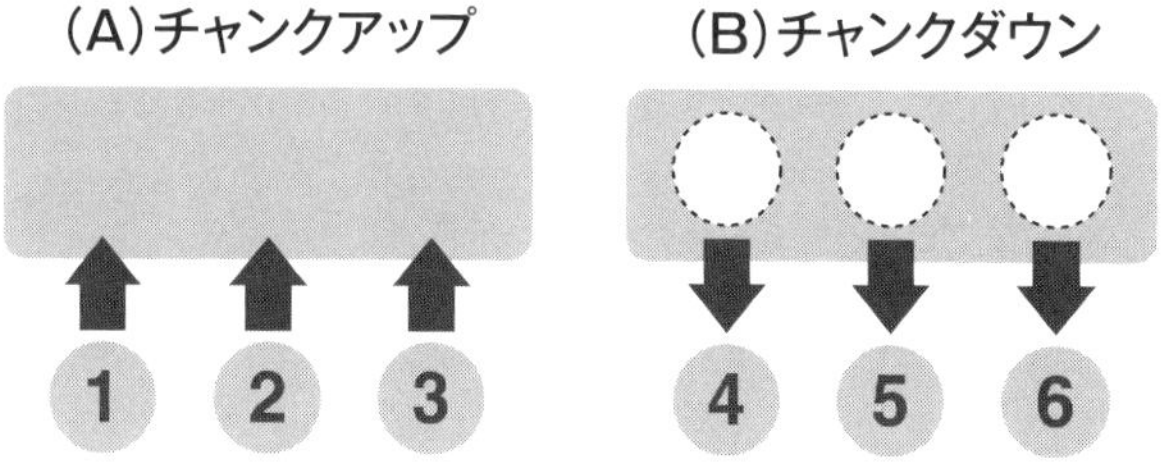

（A）ある出来事や課題などを、より大きな塊にして見ることで、
全体感（目的）を確認できる。反対に（B）より小さい塊に分割することで、
個別に具体的な行動へと繋げることができる。

「左・右」で聞いて背景まで把握する

過去から未来へ、時系列で変化を聞く

■今（現在）だけに捉われずに聞き出す

賢い「聞き方」の実践において、意識的に「左・右」で聞くことで、展開力が磨かれます。

左・右で聞くとは、時系列で聞くということです。「左」は過去、「右」は未来になります。「今（現在）」は、あくまでひとつの「点」であり、時間の流れの中では、通過点でしかないのです。目の前のことだけに捉われていては、賢い「聞き方」はできません。

例えば、「こんな企画はありませんか？」という仕事のリクエストがあったとしましょう。その際、「これまでに同様の企画をしたことはあるのか？（過去）」「この企画をすることで、ゆくゆくどうしていきたいのか？（未来）」など、左・右で聞くことで、相手が要望していることの背景や考え・思いなどの理解が深まります。

相手への理解を深めることで、提案する企画内容も、自信を持ってバリエーションをダイナミックに増やすことができます。

これぞ、賢い「聞き方」で展開する力です。

■今と比較し過去の意識や感情の変化を聞く

左・右で聞き、展開していく中で、出来事や事実の裏側にある**意識や感情の変化**にも、併せてフォーカスを当ててみると、より賢い「聞き方」が実践できます。

過去の出来事に、今（現在）の視点からフォーカスを当てれば、過去の時点ではとても大変だった出来事も、今と

■「現在」は1つの通過点でしかない

どんなことにも、来し方と行く末がある

なってはたくさんの気づきや学びに繋がっているものだったりします。過去の経験から、気持ちや感情がどう変化したのか。そこを探ると、相手の個性や価値観が見えてくるものです。

■未来への夢や願望を聞く

未来のありたい姿（夢や希望）に視点を置くことで、現状抱えている課題や不安、強い願望や希望など、その人固有の考えや思いを聞くことができます。

相手の抱いている未来に共感できる部分がたくさんあれば、積極的に自己開示を行い、相手の未来へ何かサポートできることがないか探ります。それで、相手との距離はぐっと縮まることでしょう。

時系列の中で、賢い「聞き方」を実践し、相手の強い願望や思いを受けとめ、相手とのより強固な関係作りを目指しましょう。

■ポジティブ・ネガティブの理由を掴んで関係性を強化

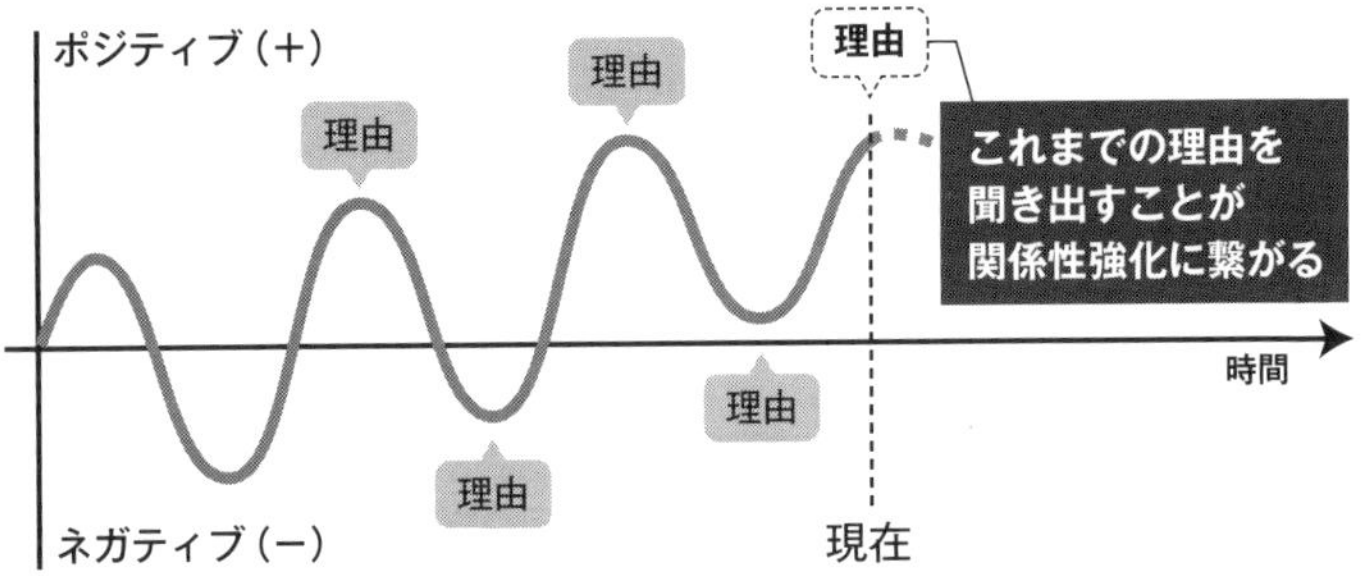

人には必ずモチベーションの上下がある

■「前・後」で聞けばより良い成果が得られる

時系列で聞く「左・右」と似ていますが、「前・後」で聞くのも、賢い「聞き方」の展開力を高めます。

前・後で聞くとは、ある出来事や仕事の「前」と「後」には、どんなことがあるのか？　を意識して聞くことです。

例えば、「このデータをまとめておいて」と指示された場合、「どこからきたデータなのか？（前）」「どうやって集められたデータなのか？（前）」「何に使うためにまとめるのか？（後）」「どんなまとめをすれば良いか？（後）」など前・後を確認することで、指示された仕事のでき栄えをより良く変えるきっかけを掴むことができます。

仕事の成果の良し悪しは、前・後を賢く聞くことができるか否かで決まってくる、と言っても過言ではありません。仕事の流れを想像しながら、その前・後への理解を深めることで、相手からの信頼の獲得にも繋がります。

■前・後を聞けばより良い成果が期待できる

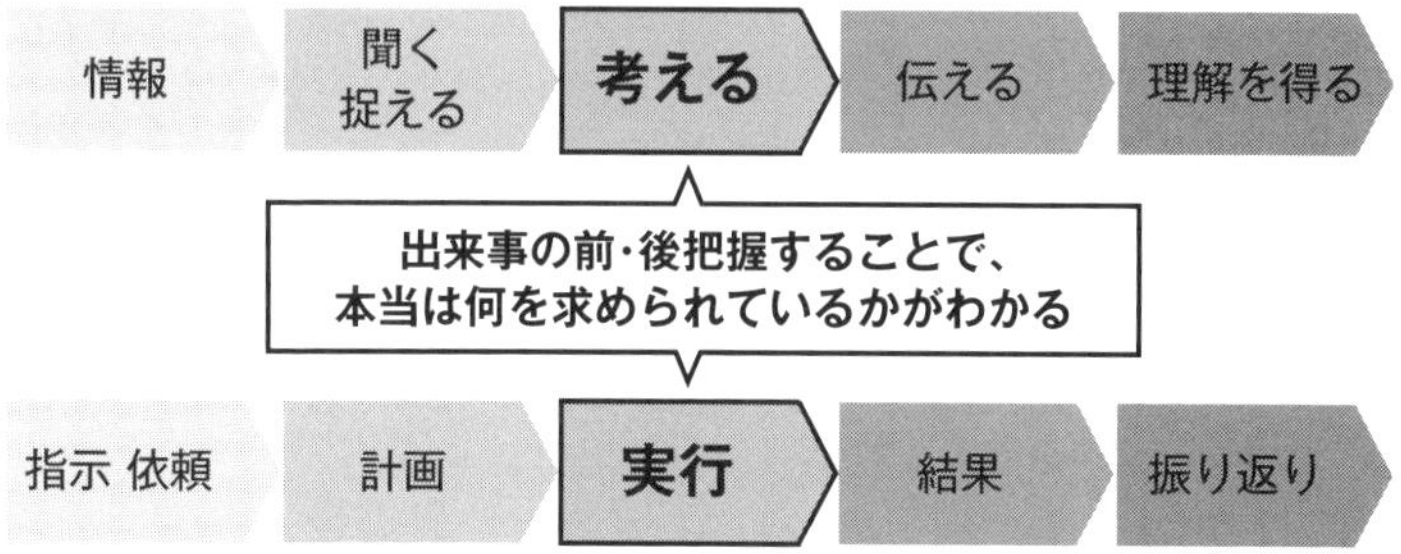

前・後を聞けば、新たな視点で展開できる

「今、ここ」で、「無知の知」で聞く

もっと知りたいという欲を持とう

■「今・ここ」で聞くことが人脈に繋がる

賢い「聞き方」の実践では、掴んだ情報を活用し、対人関係を強固にし、仕事の成果で確固たる違いを生み出すことを狙っています。そのためには、掴んだ情報を効果的に「展開する力」が大切です。

展開する力が一番問われるのは、相手と対面する瞬間です。一期一会の精神を持ち、「今、ここ」でもっと相手のことを知りたいと思う、強い欲を持つことです。相手のことをもっと理解したい、知りたいというあなたの気持ちは相手にも伝わり、「お返ししなければ」という返報性（92ページ参照）によって対人関係はより深まっていきます。

仕事で出会った相手との関係をその場だけの関係に留めてしまうのは、実にもったいないことです。

昨今は、仕事の枠組みを超えた交友関係を求めるビジネスパーソンは多くないように思えます。

しかし、仕事での共有体験を持つ相手は、月日を経てみれば、とてもかけがえのない仲間になるので、大切にしたほうが良いのではないでしょうか。そして、その積み重ねが、**あなたの人脈ネットワークへと展開していく**ことになるのです。

■相手の要求を探りビジネス人脈を広げる

賢い「聞き方」を実践できれば、対人関係力は確実に強化され、人脈ネットワークが構築されていくことでしょう。

ただし、人脈と呼べる相手とは、単なる知り合いではな

■「今・ここ」で集中して聞く

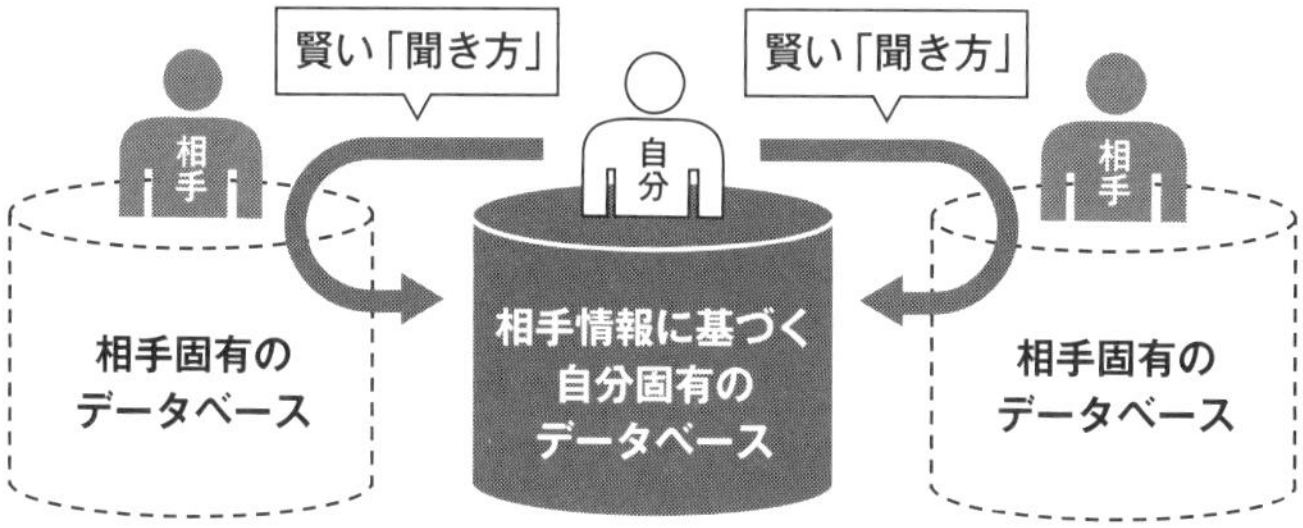

「もっと相手を知りたい」欲が人脈作りの力の源

く、あなたが何か困った時に積極的に協力・支援をしてくれる人たちのことです。そして、協力・支援するかどうかを決めるのは、相手との信頼関係が一番重要な要素になるはずなのです。

相手からの信頼を確実なものにするためにも、日々のビジネス活動の中で、賢い「聞き方」で、獲得できた情報を独り占めするのではなく、価値ある情報として積極的に活用し新しいきっかけを作ることが必要です。

もちろん、必要とされる情報でなければ意味がないので、相手がどんな情報を求め、期待しているのか、あらかじめ知っておくことが大切で、そこを知るためにも、賢い「聞き方」を駆使していきます。こうして、良い循環ができれば、ビジネス人脈は、確実に広がっていくことでしょう。

■「無知の知」の精神で聞く

「無知の知」は、ソクラテスの言葉とされていますが、そ

■無意味な「雑談」はいらない

雑談とは

とりとめのないよもやま話のこと。
ビジネスコミュニケーションでは時間が
貴重なので、わざわざ雑談することはない。

▼

ビジネスで求められる「雑談力」とは
目的達成のために、能動的に相手のことを
知ろうとする行為だと理解しよう

の意味は、「自らが無知であると自覚することこそが、真の知を得るための道」ということです。

賢い「聞き方」の実践・展開では、無知の知のごとく、自分が知らないことや気づかないことが、この世の中には山ほどあると自覚し、知りたい欲を持つことです。**欲がなければ、質問や疑問も生まれてきません。**

■「知りたいことリスト」を作る

ここで、今あなたが知りたいと思っていることを、5分間でできる限りノートに書き出してみてください。どのくらいのリストになりましたか？　日常で訓練をしていかないと、知りたい欲はそれほど出てきません。

そのリストのうち、調べればわかる、誰かに聞けばわかることは、どのくらいありますか？　意外に多いのではないでしょうか。そう、知りたい欲は、あなたをさらに賢い聞き手に成長させる原動力になるのです。

■「無知の知」が疑問や質問を生む

無知の知 × **無用の用**

無知の知：知らないことがたくさんある（無知）から、相手の話は最後まで確認してみようという姿勢のこと。

無用の用：無用に見えるものの中に、実は有用な情報や知識があるということ。例えば、入念に調べたのに活用しなかった情報は一見ムダだが、後で必要になることが多々ある。

自分の知らないことがたくさんあると自覚しよう

「May I Help You?」で積極的に聞く

「お困り事」を真摯に聞くから、問題解決ができる

■「仕事」を「作業」にしない

「仕事」と「作業」の違いをご存じでしょうか？

「仕事」には、何らかの目的が存在していて、その目的の達成のために自ら主体的に行動する、それが仕事になります。一方、「作業」とは、受け身的で、指示されたことだけを、指示されたようにやることです。

この2つの違いは、実は非常に大きいのです。仕事では日々改善が生まれ、課題解決が進んでいくのに対し、**作業では、変化は生まれません。**

ビジネスパーソンは、意識的かつ意図的に「仕事」をしなくてなりません。そのためには、前・後で関わる人とのコミュニケーションが必須になり、賢い「聞き方」を身に付け、自分の仕事をより良くするためのヒントを自ら得なくてはなりません。

例えば「資料ファイルを整理整頓しておいて」という仕事を依頼されたとして、何の意図もなく、ただ見栄え良く整えるだけでは、「作業」レベルです。「なぜ資料が散らかってしまうのか？」「この資料は何に使うために整えればいいのか？」「整えたことによって誰が喜ぶのか？」など、1つの依頼に対して多面的に考える癖をつけるからこそ、「仕事」のレベルが上がっていくのです。

■「May I Help You?」はキラーフレーズ

良い仕事とは、賢い「聞き方」を展開し、相手の基準や期待値を掴み、それを超えることによって実現します。

■受け身の聞き方は「作業」。能動的な聞き方が「仕事」

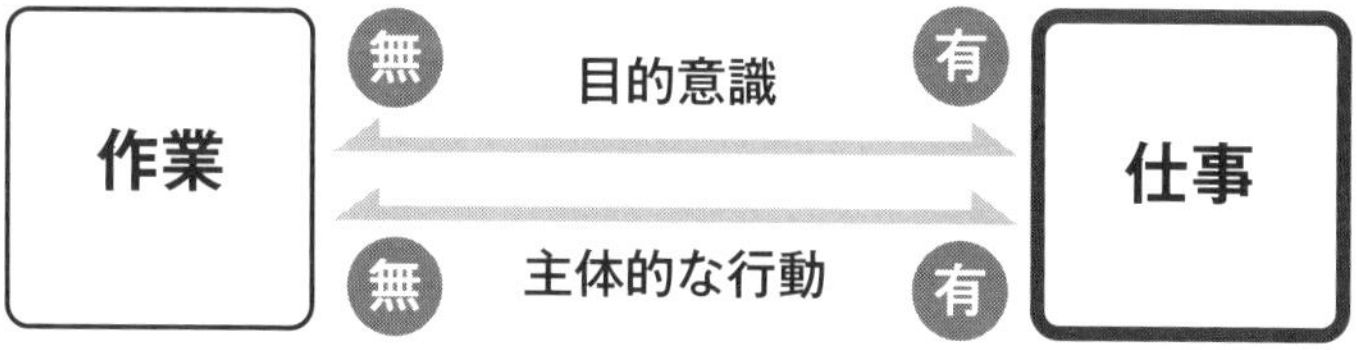

「作業化」では、時間だけが経過するだけ。
「仕事化」すれば、経験値がぐんぐんアップする。

「仕事」をするから経験豊富なビジネスパーソンになる

そのためのキラーフレーズに「May I Help You?」があります。海外でお土産店に入った時など、すかさず店員さんから「May I Help You?」と声をかけられます。日本語で言う「いらっしゃいませ」ですが、直訳すれば「何か助けることありますか?」ということです。

実は、このフレーズは、**賢い「聞き方」を展開する際の本質的な質問**なのです。助けが必要でなければ、その先の展開はありません。つまり、助けが必要だと相手が答えてはじめて、賢い「聞き方」をスタートできるので、「本質的」なのです。

「何かお困り事はございませんか?」「私や我が社で何かお役に立てることはございませんか?」といった問いかけに対して、助けてほしいかどうかを決めるのは相手です。相手は、相手の判断基準で、YesかNoかを決めます。

相手の困っていること(課題)を伺い、その解決策を提示できること、それが相手から一目置かれる存在になるた

■「May I Help You?」で本質を突く

「○○○でお困りでないですか?」

「□□□で課題はございませんか?」

「私(私たち)に何かできることはありませんか?」

▼

相手のYes/Noの反応に、さらに深掘り質問

相手のお困り事を常に意識する

めの近道です。

■Win-Winな関係を続けるために自分も成長する

ビジネスコミュニケーションでは、お互いがうまくいく関係の確立を常に目指します。お互いに満足できている状態、いわゆる「Win-Winな関係」を作り継続していくことで、確固たるビジネス信頼関係が生まれます。

Win-Winな関係を作るためには、日頃から賢い「聞き方」を展開し、**相手の困っていること（お困り事）を積極的に伺う**ようにしましょう。なぜ困っているのか、どこで困っているのか、などをヒアリングする力、これが賢い「聞き方」の展開力です。

Win-Winな関係を長期継続していくには、相手のお困り事を解消するために提供できること（人脈などを含め提供できる価値）を増やしていくことも大事です。相手に喜んでもらうための自己成長も、止めてはいけません。

■Win-Win関係は価値交換で成り立つ

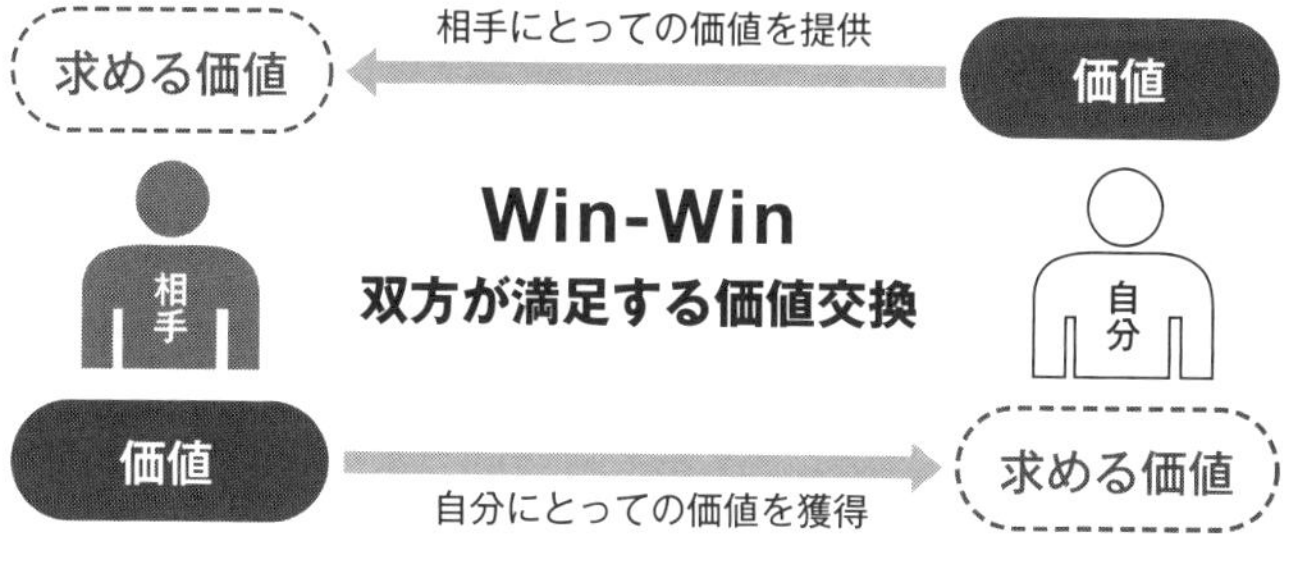

相手が求める価値に気づき提供できれば信頼される

COLUMN 6 自分に強くなるトレーニング

■ 自分の中の自分と対話する力を磨く

賢い「聞き方」を実践していくことで、自分と対話する力を磨くことができます。そして、様々な経験を通して、学習するスピードがアップすることになります。

目の前の体験から学習する方法として、David A. Kolbの「体験学習サイクル」があります。

これは、①具体的経験、②内省的省察（何が起こったかを多様な視点で振り返る）、③抽象的概念化（他でも応用できるように概念化する）、④積極的実践（新しい場面で実際に試す）というもので、そして、④が①となる学習の仕方です。中でも、②の内省的省察をする際に、賢い「聞き方」が生きてきます。

■ 出来事に対する考え方ひとつで自分に強くなる

例えば、はじめて自分で作成した企画が却下されたという経験をした時に、②の内省的省察で「自分は企画する力がないんだ」と決めつけて落ち込んでしまうのか、それとも、「この失敗は何を意味しているのだろうか？」と問いかけ、「自分の視点がまだ低いということなんだ、次は頑張るぞ」と考えられるかによって、成長スピードが変わります。

ビジネスパーソンは、日々の仕事の中で起こる様々な出来事について、自分としっかり対話し、内省・省察を効果的に促すことで、自分に強くなることができるのです。

第7章

賢い「聞き方」を成長ツールに使う

賢い「聞き方」で、周囲を巻き込む
能動的なビジネスパーソンへ

「迷う者は路を問わず」にならない

ただ素直に、使える情報を「人」から獲得しよう

■迷うぐらいなら聞く

「迷う者は路を問わず」という故事があります。進むべき道を間違えて迷う者は、正しい道を尋ねることをしないからだという意味です。つまり、**無知な者は、人に問い尋ねることをしないために、身を滅ぼしかねない**ということを示唆しています。

賢い「聞き方」を身に付ければ、いつでも、どこでも、どんな相手にでも、能動的に聞き、自分が進むべき正しい道のヒントを掴み、自ら道を切り開いていく力を磨くこと

ができます。

■付加価値の高い情報は「人」が持っている

「聞くは一時の恥、聞かぬは一生の恥」ということわざにもある通り、知らないこと、わからないこと、理解できていないことを聞き、教えてもらうことは、その時はとても恥ずかしいと感じるものです。

しかし、知ったかぶりをして、素直に聞かなければ、後でもっと恥ずかしいことにもなってしまいます。

近年は、インターネットで何でも簡単に検索して調べることができるようになったため、誰かに聞くのはわずらわしいと感じることも多くなっているのかもしれません。

しかし、**付加価値の高い情報を持っているのは「人」です。**賢い「聞き方」を身に付け磨いていき、直接相手が持つ生きた情報を効果的に引き出していきましょう。それが、あなたの成長の近道になります。

■検索より「人索」

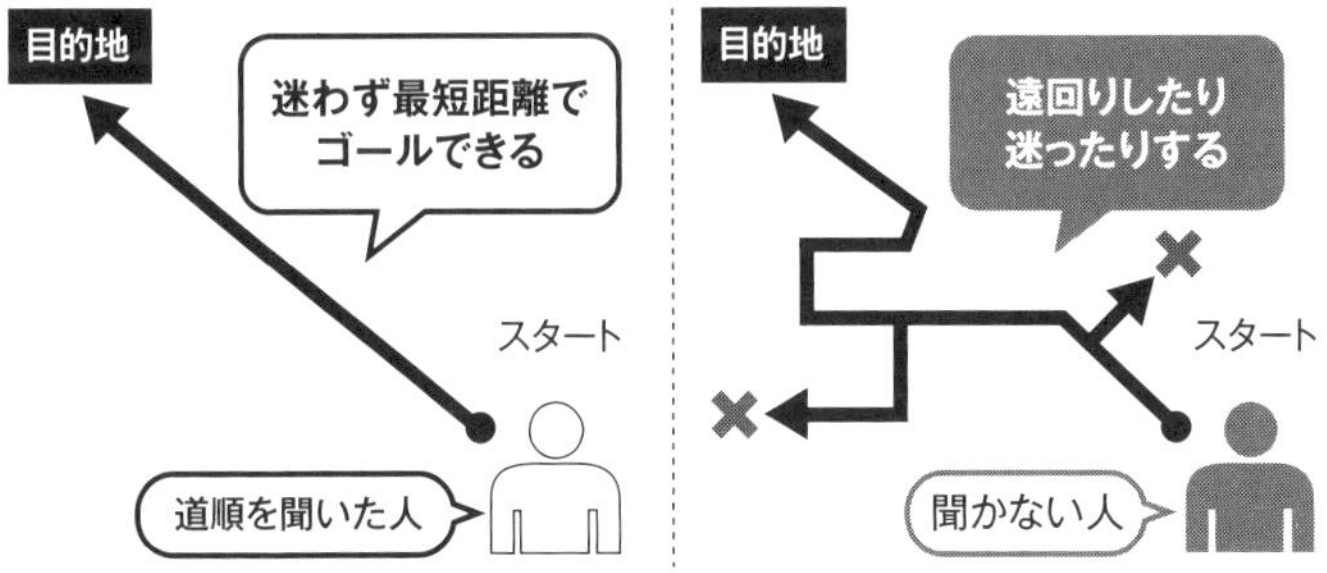

仕事で迷わないためにも聞こう

相手に対して最高の自己表現をする

賢い「聞き方」の継続で、相手も認める自己表現が可能に

■とにかくしつこく聞く

賢い「聞き方」を継続的に展開することは、**最高の自己表現や意思表示に繋がります。**

例えば、相手から企画提案を求められた際などは、相手が求めていることと、自分が提案・提供できることをすり合わせなくてはなりません。そこで、すり合わせができるように、要件定義を明確にします。その段階で、「そういう意味だったのですね」「そういうことを考えていたんですか」と、気づきが得られることもあります。

求められていることは何なのかをヒアリングし、それを実現するための制約条件（障害になるような問題など）を明確にしておきます。そして、後で問題にならないよう、必要に応じて、相手の合意を取り付けておかなければなりません。

さらに、企画実現のために、いろいろな視点から、質問や深掘りを行っていきます。

■しつこく聞く過程で一目置かれる存在になる

このように、何度も確認したり質問したりする過程で、「それは、いいご指摘です」などと投げかけられたらそれは、相手から認められた証拠です。しつこく聞くことで、一目置かれる存在になった証なのです。

賢い「聞き方」の実践は、相手に対する最高の自己表現になります。嫌がられても、ねばってとにかく聞いてください。

■「聞き方」は最高の自己表現

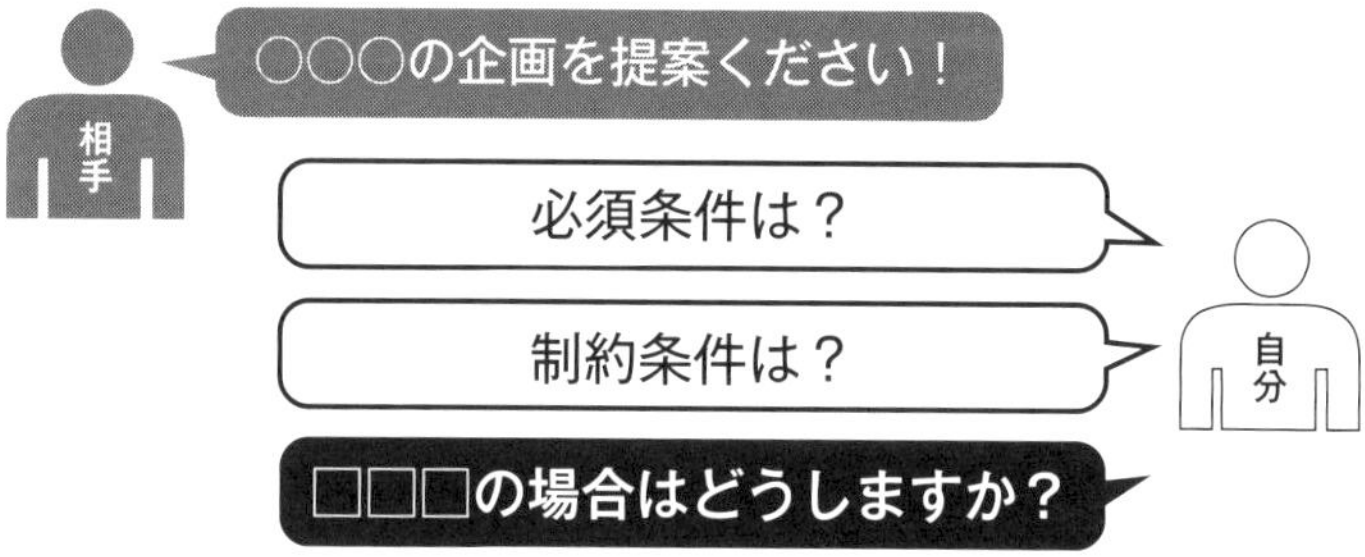
相手
○○○の企画を提案ください！
必須条件は？
制約条件は？
□□□の場合はどうしますか？
自分

相手が気づいていない点を聞けば信頼度はアップ

情報に強くなって自分をランクアップする

情報化社会の今、自分らしい個性を発揮する

■賢く聞いて視野を広げる

賢い「聞き方」の実践で、インプットされる情報とのつき合い方が上手になっていきます。能動的に情報を聞きに行くことができるので、必然的に、視野が広がっていくのです。

反対に、相手からの新しい「情報」を拒絶したり、目をつむったりすると、視野狭窄になり、思考停止に陥っていきます。

関係者から文句を言われたり、叱られたりすれば、落ち

込むのはわかります。しかし、話に耳を傾けず、落ち込んでどんどんと自分の世界に閉じこもってしまえば、叱った相手以外の周囲とも気まずい雰囲気になります。

賢い「聞き方」を意識して、相手の情報を取りに行こうと一歩踏み出せれば、世界は大きく変わり始めます。自分の世界に閉じこもっていては、いつまでたっても新しい可能性は生まれてきません。**視点を変えて、視座を高めれば、自ずと視野が広がります。**賢い「聞き方」の実践あるのみです。

■惑わされない

賢い「聞き方」を積極的に実践していくことで、氾濫する様々な情報や周囲からの評論家的なメッセージに、簡単に左右されなくなります。例えば、インターネットからもたらされる情報は、玉石混交であり、真偽の怪しい情報も多々あります。自分なりの受け取り方を磨いていないと、

■視点を変えれば視野は広がる

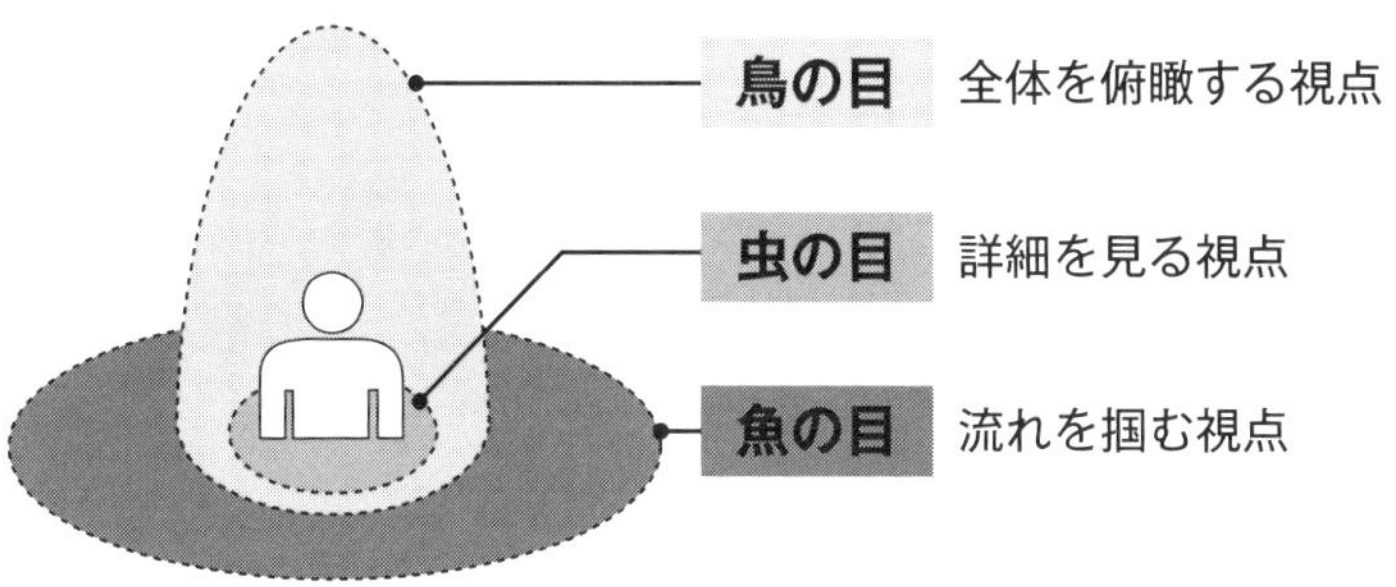

鳥の目
全体を俯瞰する視点
虫の目
詳細を見る視点
魚の目
流れを掴む視点

賢い「聞き方」で自分の視座を高め、視野を広げよう

情報に振り回されたり、真偽を精査することもできません。

賢い「聞き方」をトレーニングしていけば、**情報感度は磨かれ、「あれ？」といった気づきの視点が持てるようになります。**「反応力」や「深掘り力」を磨いているので、情報を安易に鵜呑みにしたり、簡単に流されたりすることが少なくなります。

■人脈を有効活用して意思決定がスムーズになる

それでも、新しい情報に惑わされそうになったら、これまでに構築してきた「ビジネス人脈」を駆使して、問い合わせることもできます。そして、賢く聞くことで、様々なアドバイスをもらったり、付加情報を得たりすることもでき、**自分なりの意思決定がスムーズに進みます。**惑わされず優柔不断とならず、自ら意思決定することができるので、意志が強いビジネスパーソンと周囲の目には映ることでしょう。

■ストレスにも強くなれる

ビジネスパーソンは日々、多種様々なストレスにさらされています。中でも強いストレスは、周囲からの理不尽なクレームやダメ出しではないでしょうか？

ストレスとの関わりにおいても、賢い「聞き方」の実践で、上手に対応することができるようになります。例えば、クレーム対応のプロフェッショナルといわれる人は、相手のクレームや、クレームに関わる意向を、聞いて、聞いて、聞きまくります。そのうち、なぜその人がクレームをつけているのかの真意が伝わってくるそうです。そして、クレームをつけた真意が企業サイドに伝わったと相手が理解すると、次第にクレームではなく、アドバイスに変わってくるそうです。

賢く聞くことで、相手の真意を真剣に聞き取ろうとしていけば、自然とあなたのストレス耐性は高くなります。

■勝手な判断は危険！

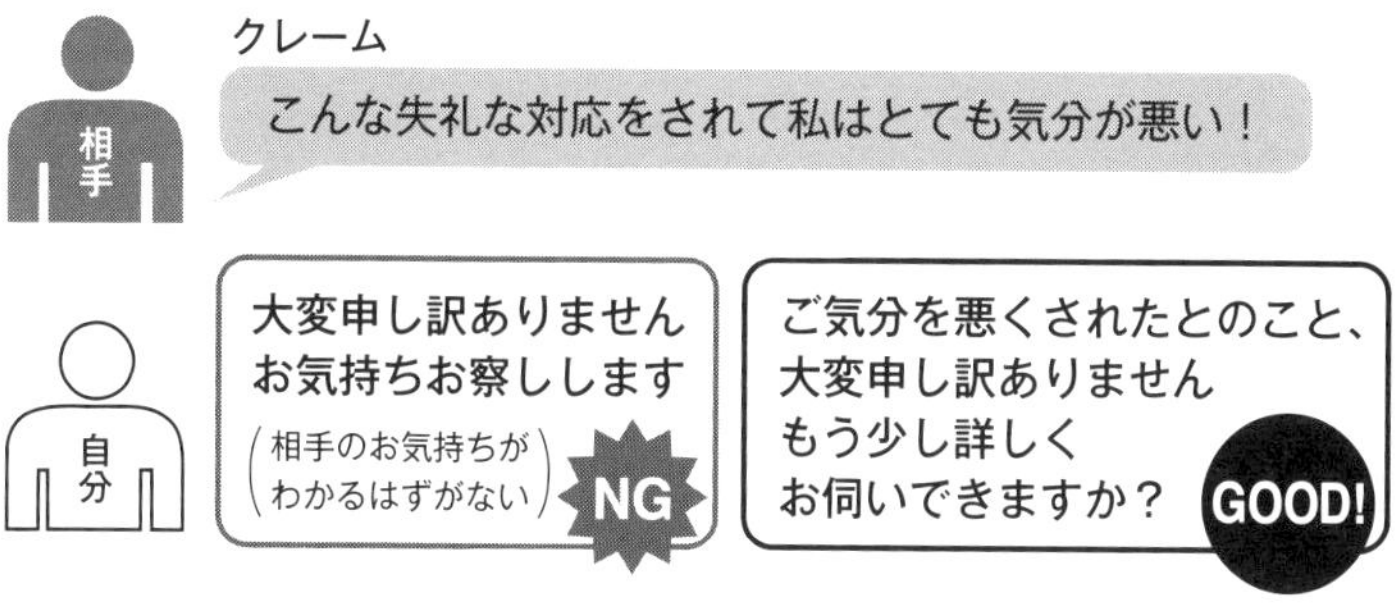
クレーム
相手
こんな失礼な対応をされて私はとても気分が悪い！
自分
大変申し訳ありません
お気持ちお察しします
（相手のお気持ちがわかるはずがない）
NG
ご気分を悪くされたとのこと、
大変申し訳ありません
もう少し詳しく
お伺いできますか？
GOOD!

賢い「聞き方」で聞いて・聞いて・聞きまくる

対話の主導権を握って信頼されるリーダーになる

賢い「聞き手」がビジネスコミュニケーションをリードする

■「会話」を「対話」へ、「対話」を「議論」へ

賢い「聞き方」を積極的に活用していくことで、ビジネスコミュニケーションの密度を濃くしていくことができます。

「会話」とは、当たり障りのない表面的なやり取りのことで、ビジネスでのやり取りが会話レベルでは、仕事の成果には繋がらないでしょう。

ビジネスでは、一歩踏み込んだ**対話レベル**のやり取りをしていくことが求められます。「対話」とは、互いのニー

ズや意見、様々な前提条件など表面には現れにくい本音の部分の交流のことです。積極的な対話を行えるからこそ、相互理解が深まり、ビジネスを強力に推進するための信頼関係に繋がります。

本音の対話を実現するためには、どちらか一方が賢い「聞き方」をできればいいというものではありません。**相互に賢い「聞き方」をできるからこそ、より密度の濃いやり取りが可能となる**のです。そして、「対話」の流儀がわかっている両者だからこそ、真剣な「議論」も可能となります。

■話し上手は、聞き上手

話が上手な人は、やはり「聞き方」が上手です。「聞き方」が上手ということは、賢い「聞き方」を継続的に実践してきているということです。

なぜ、聞き上手が話し上手なのかといえばそれは、相手

■ビジネスでは、会話ではなく対話が重要

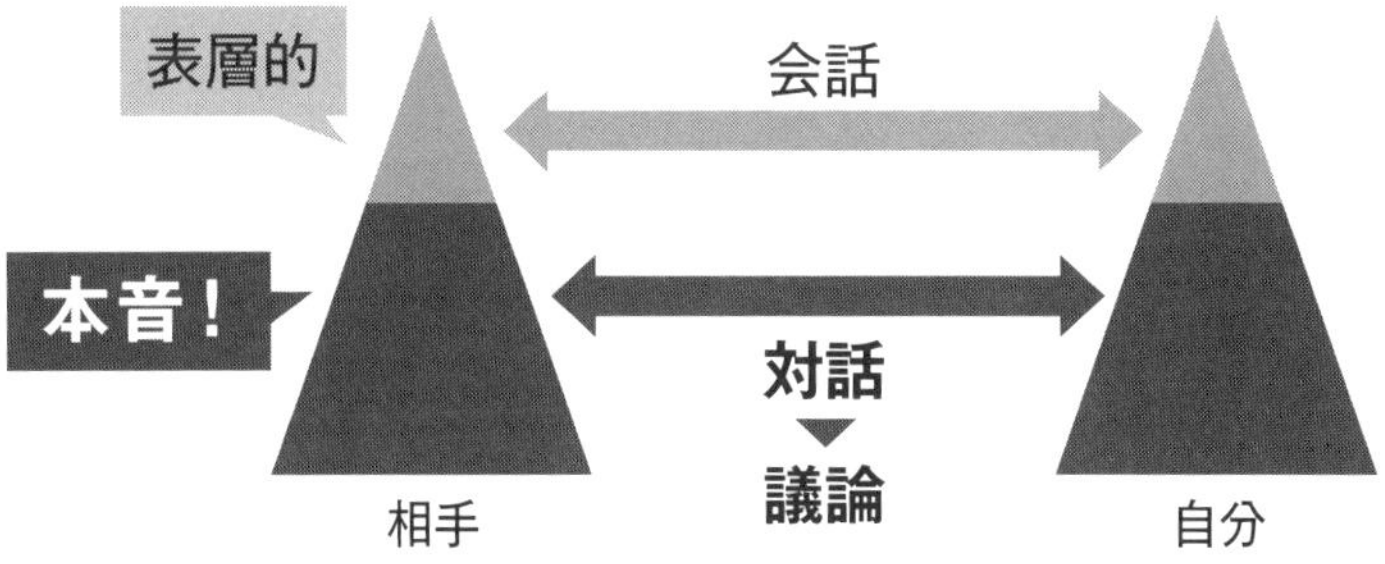

対話の基本は、賢い「聞き方」で交流すること

がどんなことを聞きたいかを自分事でいろいろな視点から捉えてきたからです。そんな人だからこそ、話し手になった時、相手の反応を賢く聞きながら、スムーズに話を進めていくことができます。

相手の意向に何の配慮もせずただ話し続けていても、話し上手とは言われません。「話が上手だなぁ」と言われる人は、人知れず賢い「聞き方」を実践し、「自分だったらこうしてほしい」とか、「これはダメだ」「ここは説明が足りない」など主観的な見方で、**聞き手の気持ちになっているからこそ、自分が話し手になるとその時の気づきが発揮される**のでしょう。

素晴らしい話し手になりたければ、賢い「聞き方」を取り入れ、繰り返し実践していきましょう。

■場の主導権を握る

ビジネスのあらゆる場面、対話であれ、議論であれ、**そ**

■良い話し手になるには賢い「聞き方」を実践

対話のイニシアティブ（主導権）は聞き手にある

聞き上手は、質問上手である

相手の真意（目的や動機）を賢く聞く

良質な質問が良質な回答を生む!

の場を主導的にリードしていくために、常に賢い「聞き方」のスイッチを入れておく必要があります。

そして、賢く相手の話を聞ける人は、大勢の中でも、瞬時に相手からの信頼を獲得します。限られた時間の中、限られたやり取りで相手の心を掴むことができるからこそ、リーダーシップを発揮することができるのです。

賢い「聞き方」をマスターせずに、リーダーや責任者になってしまっては、後々苦労することでしょう。多数の中で場の主導権を握っていくのに最適なのは、ファシリテーション（下欄参照）のスキルで、これを身に付け場を仕切ることです。実は、そのためのベースになるのが賢い「聞き方」なのです。

いろいろな人への対応力をつけるには、**仕込みなくして、成果なし**。受動的な「聞き方」で止まっている方は、ぜひ一歩踏み込み、賢い「聞き方」を取り入れてほしいと願っています。

■ファシリテーションはリーダーが備えるべきスキル

複数の人が何かのゴールを目指そうとしている場で、その場の対話や議論のプロセスを効果的に進行・調整しながら推進していく行為を**ファシリテーション**、その担い手を**ファシリテーター**と呼ぶ。

ファシリテーション力を支えるのが賢い「聞き方」

フィードバックを見逃さない

ポジティブな指摘もネガティブな指摘も自己成長の糧

■「開かれた窓」を広げて成長する

「心の四つの窓」として有名な「ジョハリの窓」（下欄参照）をご存じでしょうか。この中で、人間の成長にとって望ましい状態とは「開かれた窓（オープンな自分）」の拡大にあります。そのための具体的な方法は、次の2つです。

①**「気づかない窓」を小さくすること：**他人からフィードバック（指摘）をもらい、それを受容すること

②**「隠された窓」を小さくすること：**自分の隠している行動・感情及び動機を相手に「率直に」に伝えること

■「ジョハリの窓」を自己成長のヒントにしよう

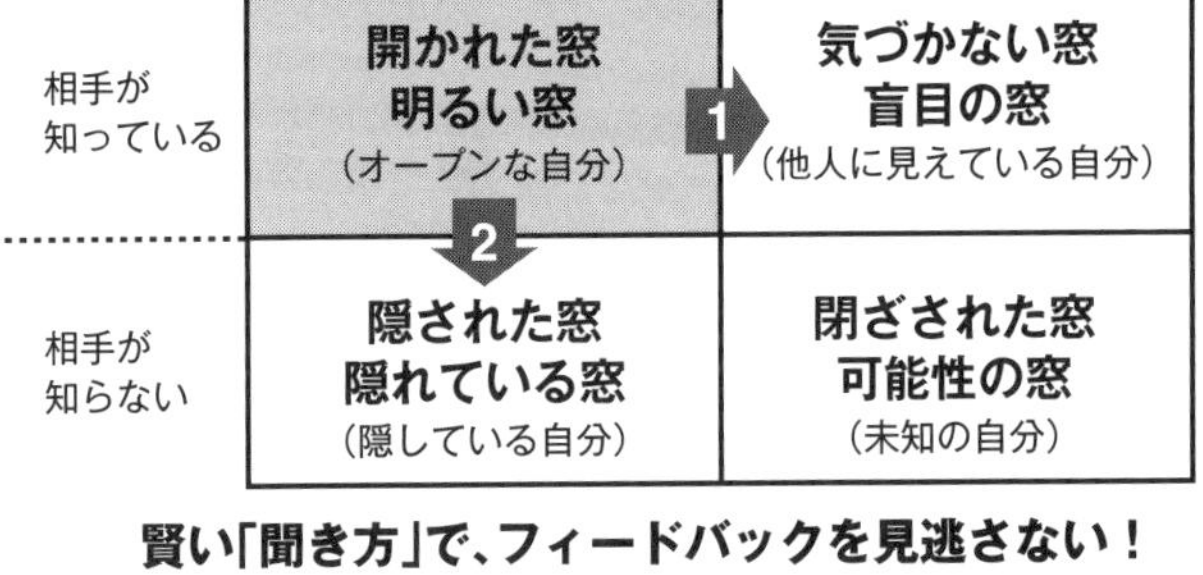

自分が知っている
自分が知らない
相手が知っている
相手が知らない
開かれた窓
明るい窓
（オープンな自分）
1
気づかない窓
盲目の窓
（他人に見えている自分）
2
隠された窓
隠れている窓
（隠している自分）
閉ざされた窓
可能性の窓
（未知の自分）

賢い「聞き方」で、フィードバックを見逃さない！

このうち、賢い「聞き方」は①の方法に当てはまります。賢い「聞き方」を実践することで、周囲の人からのフィードバックに敏感に気づき、自分の考えをアサーティブ（相手を尊重した自己主張）に展開して「オープンな自分」を広げ、自己成長を加速することができます。

■フィードバックは成長の源泉

周囲の人は、あらゆる形でフィードバックをくれます。前向きでポジティブなフィードバックもあれば、厳しくも温かい改善・改良を促すややネガティブなフィードバックもあります。

いずれにせよ、一つひとつのフィードバックに、**賢い「聞き方」で積極的に「気づく」こと**ができるかどうかに、あなたが成長できるかどうかがかかっています。フィードバックを見落とすことなく、相手からの期待を超え続け、成長していきましょう。

著者紹介

福島　章（ふくしま・あきら）

人材開発トレーナー
元気を出す営業開発コンサルタント
株式会社ディ・フォース・インターナショナル代表取締役

大学卒業後、通信機器メーカーで「モノ作り」の企画提案営業、ベンチャー企業で「コト作り」のビジネス開発などを経て、自律・自立型人材育成の重要性に目覚め、2000年にコンサルタントとして独立し「ヒト作り」の道へ進む。

独立後はプロの人材開発トレーナーとして、マインドセット（思考様式）・ヒューマンスキルを軸に、新人から中核社員までビジネスパーソンの能力開発・育成に従事、現在に至る。

指導実績は、大手メーカー・小売りを中心に、延べ2万3,000人を超える（2016年9月末時点）。研修内容は、コミュニケーション全般の他、交渉力・商談力、リーダーシップ育成など幅広く、特に内面深くに届くアプローチに定評がある。

著書に『お客様の期待を超え続ける営業スイッチ！』（同文舘出版）。

■連絡先
株式会社ディ・フォース・インターナショナル
URL　http://www.development-coach.com
e-mail　afukus@eigyoswitch.com

超解　聞《き》き方《かた》ひとつで 面白《おもしろ》いほど仕事《しごと》がうまくいく本《ほん》　〈検印省略〉

2016年　10　月　27　日　第　1　刷発行

著　者――福島　章（ふくしま・あきら）
発行者――佐藤　和夫

発行所――株式会社あさ出版
〒171-0022　東京都豊島区南池袋 2-9-9 第一池袋ホワイトビル 6F
電　話　03（3983）3225（販売）
　　　　03（3983）3227（編集）
F A X　03（3983）3226
U R L　http://www.asa21.com/
E-mail　info@asa21.com
振　替　00160-1-720619

印刷・製本　美研プリンティング（株）
乱丁本・落丁本はお取替え致します。

facebook　http://www.facebook.com/asapublishing
twitter　http://twitter.com/asapublishing

ISBN978-4-86063-924-2 C2034